JIHAD M. ABOU GHOUCHE

Solte a língua em inglês

4ª reimpressão

© 2010 Jihad M. Abou Ghouche

Preparação de texto
Pedro Carvalho / Verba Editorial

Capa e projeto gráfico
Paula Astiz

Editoração eletrônica
Laura Lotufo / Paula Astiz

Assistente de produção
Noelza Patrícia Martins

Áudio
Locutores: Shirly Gabai e Cory Allen Willis
Produtora: jm produção de áudio

Dados Internacionais de Catalogação na Publicação (CIP)
(Câmara Brasileira do Livro, SP, Brasil)

Ghouche, Jihad M. Abou
    Solte a língua em inglês / Jihad M. Abou Ghouche. –
Barueri, SP : DISAL, 2010.

    Inclui áudio.
    ISBN 978-85-7844-057-2

    1. Inglês – Atividades, exercícios etc. 2. Inglês – Estudo e
ensino I. Título.

10-07532   CDD-420.7

Índices para catálogo sistemático:
1. Inglês : Estudo e ensino   420.7

Todos os direitos reservados em nome de:
Bantim, Canato e Guazzelli Editora Ltda.

Alameda Mamoré 911 – cj. 107
Alphaville – BARUERI – SP
CEP: 06454-040
Tel. / Fax: (11) 4195-2811
Visite nosso site: www.disaleditora.com.br
Televendas: (11) 3226-3111

Fax gratuito: 0800 7707 105/106
E-mail para pedidos: comercial@disal.com.br

Nenhuma parte desta publicação pode ser reproduzida, arquivada ou transmitida de nenhuma forma ou meio sem permissão expressa e por escrito da Editora.

Nota do autor

A bendita conversação! Dentre as quatro habilidades da língua, ela é, ironicamente, a mais cobiçada e a que mais demora a florescer. Não importa se for um brasileiro aprendendo inglês ou um japonês aprendendo árabe, todos que estão aprendendo um segundo idioma só se sentem realmente realizados quando conseguem se comunicar oralmente na nova língua.

"Escrevo bem, leio e entendo tudo; consigo compreender o que eles estão falando, mas é na hora de falar que me atrapalho." Você é assim? No mínimo deve conhecer muita gente que diz isso, certo? Veja o lado bom, então: a grande maioria diz ter esse "problema". Você não está só.

Agora a boa notícia: Não é um *problema*. É *natural*. Explico: A conversação é diferente das outras três habilidades (compreensão, leitura e escrita). Expõe muito mais o individuo, colocando-o sob pressão externa e/ou interna. Se você precisa escrever um artigo, você pode fazê-lo sozinho. Mesmo se estiver num ambiente lotado de gente, a tarefa é realizada sem exposição. Serão você, a caneta e o papel. Ainda, se quiser, pode se cercar de inúmeros recursos de consulta como dicionários, internet etc. Na leitura é a mesma coisa. Na compreensão auditiva, o pior que pode acontecer e você não entender tudo. Nesse caso dá para pedir para repetir, ou até mesmo fazer o famoso sorriso de Mona Lisa e deixar a coisa rolar. Agora, quando for a sua vez de falar, tudo é diferente. Há muitos fatores que influenciam o desempenho. Eles variam de uma pessoa para outra: timidez, medo de errar, nervosismo, ansiedade, o jeito de ser da pessoa e outros.

É verdade que indivíduos extrovertidos têm mais facilidade de desenvolver a habilidade de conversação, e por uma razão que pode servir de exemplo para todos. Pessoas desinibidas não se preocupam em acertar tudo, mas em se fazer entender. É isso, então! O importante é *se fazer entender*! Lembre que quando estiver escrevendo em inglês poderá pausar quantas vezes quiser, para consultar algo ou simplesmente esticar as pernas. Na leitura também. Mas na conversação é tudo "ao vivo" e não tem *replay* (bem, não o tempo todo, senão a conversa vira uma tortura), e muito menos dar um tempo no meio do processo. Veja, se isto fosse uma conversa de estratégia de jogo entre um treinador de futebol e seu atacante, ele estaria dizendo: "O objetivo é fazer gol, e não gol bonito."

Ser compreendido cometendo erros de pronúncia e/ou de estrutura da língua por algum tempo não é pecado! Ninguém, após ter estudado por alguns anos, acorda numa bela manhã falando inglês súbita e perfeitamente. Todos que hoje falam bem inglês como segunda língua começaram falando com erros. Alguns com muitos, outros com poucos. Esses erros foram eliminados com o passar do tempo. A prática, se não leva à perfeição, está caminhando em sua direção e, portanto, cada vez um pouco mais perto dela.

Essa é a proposta deste livro: fazê-lo praticar conversação. Leia e siga corretamente as instruções de como usá-lo, e obterá ótimos resultados.

JIHAD MOHAMAD ABOU GHOUCHE nasceu em Palmeiras das Missões, RS, e aos 10 anos se mudou para o Líbano com toda a família. Lá, concluiu o ensino fundamental e médio em uma escola bilíngue (Árabe/Inglês) e em seguida estudou literatura inglesa e norte-americana. Retornou ao Brasil na década de 90. Lecionou inglês em uma escola de idiomas e, em 1997, abriu sua própria escola em sociedade com um colega. Inicialmente era uma escola de ensino de inglês e hoje oferece também cursos de Espanhol, Italiano, Árabe, Francês e Alemão.

Jihad acumula 17 anos de experiência no ensino de idiomas e já lecionou para alunos de praticamente todas as faixas etárias, dos 4 aos 80 anos. É autor do livro "Fale Árabe em 20 Lições" publicado pela Disal Editora.

Sumário

Como usar este livro 7

Lesson 1 – Present of to be
(am, is, are) 9

Lesson 2 – Past of to be
(was, were) 15

Lesson 3 – Future of to be
(will you be) 21

Lesson 4 – Simple Present
(do you, does she) 27

Lesson 5 – Present Continuous
(are you working) 33

Lesson 6 – Past Continuous
(were you sleeping) 39

Lesson 7 – Simple Past
(did you) 45

Lesson 8 – General Review 1 51

Lesson 9 – Future 1
(will you call) 55

Lesson 10 – Future 2
(are you going to travel) 61

Lesson 11 – Future Continuous
(will you be working) 67

Lesson 12 – *Present Perfect*   71
(have you seen)

Lesson 13 – *Present Perfect Continuous*   81
(how long have you been living)

Lesson 14 – *General Review 2*   89

Lesson 15 – *Used to*   95
(did you use to)

Lesson 16 – *Modal Verbs*   101
(can, could, should, must, may...)

Lesson 17 – *Conditional Sentences*   109
(If I were you, If you go, If you had studied)

Lesson 18 – *Question Tags*   115
(you sell cars, don't you?)

Lesson 19 – *Past Perfect*   121
(had you gone)

Lesson 20 – *General Review 3*   125

Tapescript   129
(respostas sugestões)

Como usar este livro

As questões estão separadas por tópicos gramaticais e, no inicio de cada lição, há uma explicação resumida com exemplos da estrutura em foco.

Não há temas e situações predeterminadas. Bem pelo contrário, as perguntas são bem variadas e não há nenhuma relação de continuidade de assunto entre elas. São perguntas do dia a dia, que poderiam ser feitas por um parente próximo, um amigo, um colega de trabalho. Ou por um estranho, no saguão de um aeroporto, por exemplo.

Há espaço para responder todas as perguntas por escrito. É recomendável fazer isso primeiro, especialmente para quem for aluno iniciante. Depois o áudio deve ser usado para ouvir as perguntas e respondê-las oralmente, com o livro aberto ou fechado. Caso o seu nível seja intermediário, pode tentar respondê-las diretamente do áudio, com o livro aberto ou fechado. Teste algumas alternativas até encontrar a mais adequada e produtiva para você.

No áudio, para cada faixa contendo perguntas feitas por Karen, que você responderá, há uma faixa logo a seguir com as mesmas perguntas sendo respondidas pelo Jim. A ideia é praticar o *Listening*.

IMPORTANTE:

* O ideal é só ouvir as faixas de *Listening* após responder as suas de forma pessoal.
* Você não só pode, como deve, fazer as lições mais de uma vez. As respostas que der para as perguntas pela primeira vez podem ser reinventadas facilmente na próxima. Por exemplo, na primeira vez responda sobre você, depois imagine-se outra pessoa e responda novamente. Seja criativo!

SOLTE A LÍNGUA EM INGLÊS

* Não pule lições. Elas vão de 1 a 20 na ordem do nível básico ao intermediário. Aliás, dentro das próprias lições as perguntas também estão organizadas de maneira crescente, das mais simples para as mais complexas.
* Não avance para a próxima lição até sentir que a atual foi muito bem praticada.
* Coloque emoção na voz. Observe por quem e em que situação a pergunta está sendo feita, e procure ser o mais realista possível ao respondê-la. Use tons diferentes e adequados ao contexto, expressões faciais e tudo o mais.

(am, is, are)

O verbo *to be* significa "ser" ou "estar". Quando conjugado no presente em inglês, tem apenas três formas; **am**, **is** e **are**, que equivalem a todas as 12 conjunções da língua portuguesa (sou, estou, és, estás, somos, estamos...).

Não se pode esquecer a conjugação correta:

I **am**
you **are**
he **is**
she **is**
it **is**
we **are**
you **are**
they **are**

Mas não basta decorar a tabela anterior. Para saber qual verbo usar quando não há um pronome, basta pensar o seguinte:

"Qual pronome substituiria este nome/substantivo na frase?"

Exemplo:

Your brother **is** *a famous lawyer.*

your brother = he (seu irmão = ele)

"*he*" usa "*is*", então "*your brother*" também.

Outro exemplo:

*The cats **are** under the sofa.*

The cats = they (os gatos = eles)

"*they*" usa "***are***", então "*the cats*" também.

FORMA NEGATIVA

Para a forma negativa, basta colocar ***not*** após os verbos ***am, is*** ou ***are***, ou usar as formas contraídas: ***isn't*** e ***aren't***; ***am not*** não se abrevia.

Exemplos:

*Look! The lights are off, they **aren't** at home.*
(Olhe! As luzes estão apagadas, eles **não estão** em casa.)

*Jacqueline **isn't** our English teacher anymore.*
(A Jacqueline **não é** mais nossa professora de inglês.)

No *spoken English*, usa-se bastante ***ain't*** que equivale a qualquer um dos três verbos na forma negativa.

FORMA INTERROGATIVA

Para formar frases interrogativas, basta posicionar o verbo antes do sujeito.

Exemplos:

PRESENT OF TO BE

Is Marc in the car? (Marc **está** no carro?)

Am I older than you? (Eu **sou** mais velho que você?)

Where are they now? (Onde eles **estão** agora?)

Seguem 30 perguntas para você treinar conversação usando *to be* no presente.

Lembre-se, na vida real uma resposta curta e objetiva muitas vezes é suficiente:

A) Are you single?
B) No.

Ou

A) What is your favorite food?
B) Lasagna.

Mas quando você estiver treinando conversação, quanto mais falar (na resposta), melhor. Portanto, procure dar respostas completas, e convenientes. Faça pequenos comentários. Assim você forçará o hábito de falar mais, e ganhará confiança mais rapidamente.

Exemplo:

A) Are you single?
B) No, I'm not single, I am married.

Ou

A) What is your favorite food?
B) My favorite food is lasagna. Actually, I like anything with pasta. Italian food, you know...

LESSON 1

Como fazer o exercício:

a. Responda todas as perguntas por escrito.

b. Ouça as perguntas no áudio (faixa 1) e responda-as **lendo suas frases**. Procure interagir com a voz do áudio como se fosse com uma pessoa real.

c. **Feche o livro**, toque a mesma faixa do áudio (faixa 1) e responda as perguntas novamente. Não precisa dar exatamente as mesmas respostas que deu por escrito. **Seja espontâneo**, mas sempre tentando dar respostas completas. Lembre-se: quanto mais puder falar, melhor.

d. Com o livro fechado, ouça o áudio (faixa 2). É para praticar *listening*. Você vai ouvir as mesmas perguntas, feitas por Karen, sendo respondidas por Jim.

1. *Are you hungry now?* (Você está com fome agora?)

_____

2. *Are you tired?* (Você está cansado?)

_____

3. *Are you sleepy?* (Você está com sono?)

_____

4. *Are you ok?* (Você está bem?)

_____

5. *Are you married?* (Você é casado?)

_____

6. *Are you thirsty?* (Você está com sede?)

_____

7. *Are you worried about your job?* (Você está preocupado com seu emprego?)

_____

8. *Are you happy today?* (Você está feliz hoje?)

_____

9. *Are you interested in cars?* (Você é/está interessado em carros?)

_____

10. *Is your house big?* (Sua casa é grande?)

_____

PRESENT OF TO BE

11. *Is your job interesting?* (Seu emprego é interessante?)

12. *Is your neighborhood safe?* (Seu bairro é seguro?)

13. *Is your father taller than you?* (Seu pai é mais alto que você?)

14. *Is this exercise difficult?* (Este exercício é difícil?)

15. *Is it sunny today?* (Está ensolarado hoje?)

16. *Am I older than you?* (Sou mais velho que você?)

17. *Am I a good teacher?* (Sou um bom professor?)

18. *Am I your best friend?* (Sou seu melhor amigo?)

19. *Am I wrong?* (Estou errado?)

20. *When is your birthday?* (Quando é seu aniversário?)

21. *Where is the nearest drugstore?* (Onde é a farmácia mais próxima?)

22. *How old are you?* (Qual é sua idade?)

23. *Who is your favorite singer?* (Quem é seu cantor favorito?)

24. *What is your sign?* (Qual é o seu signo?)

25. *Which one is yours?* (Qual deles é o seu?)

26. *How often are you at home on Saturday nights?*
(Com que frequência você está em casa no sábado à noite?)

27. *How much is it?* (Quanto é?)

LESSON 1

28. *Whose purse is that?* (De quem é aquela bolsa?)

29. *Why are you mad today?* (Por que você está furioso hoje?)

30. *How is your mother?* (Como está sua mãe?)

Lesson 2
Past of to be

(was, were)

Quando conjugado no passado, o verbo *to be* só tem 2 formas: **was** e **were**. Esses dois equivalem a todas as conjugações no passado dos verbos ser e estar em português (estava, estavas...; era, eras etc.).

Não se pode esquecer da conjugação certa com os pronomes:

I **was**
You **were**
He **was**
She **was**
It **was**
We **were**
You **were**
They **were**

Mas não basta decorar a tabela acima. Para saber qual verbo usar quando não há um pronome, basta pensar o seguinte:

"Qual pronome substituiria este nome/substantivo na frase?"

Exemplo:

Her sister **was** *there last night.*

Her sister = she (a irmã dela = ela)

"She" usa ***"was"*** então, *"her sister"* também.

Outro exemplo:

*The neighbors **were** in Europe in December.*

*The neighbors = **they*** (os vizinhos = eles)

"They" usa ***"were"*** então, *"the neighbors"* também.

FORMA NEGATIVA

Para a forma negativa, basta colocar ***not*** após os verbos (was, were) ou usar as formas contraídas: ***wasn't*** e ***weren't***.

Exemplos:

*It **wasn't** cold last night.* (**Não estava** frio ontem à noite.)

*We **weren't** there when it happened.*
(Nós **não estávamos** lá quando aconteceu.)

FORMA INTERROGATIVA

Para formar frases interrogativas basta posicionar o verbo antes do sujeito.

Exemplos:

***Were** you absent that day?* (Você **estava** ausente aquele dia?)

*Why **was** Brian so sad?* (Por que Brian **estava** tão triste?)

PAST OF TO BE

Seguem 30 perguntas para você treinar conversação usando *to be* no passado.

Lembre-se: na vida real, uma resposta curta e objetiva muitas vezes é suficiente:

A) Were you there?
B) No.

Ou

A) Where was the key?
B) Behind the vase.

Mas quando você estiver treinando conversação, quanto mais falar (na resposta), melhor. Portanto, procure dar respostas completas, e convenientes. Faça pequenos comentários. Assim você forçará o hábito de falar mais, e ganhará confiança mais rapidamente.

A) Were you there?
B) No I wasn't. I was at home with my sister.

Ou

A) Where was the key?
B) It was behind the vase, my mom found it.

Como fazer o exercício:

a. Responda todas as perguntas por escrito.
b. Ouça as perguntas no áudio (faixa 3) e responda-as **lendo suas frases**.
c. **Feche o livro**, toque a mesma faixa do áudio (faixa 3) e responda as perguntas novamente. Não precisa dar exatamente as mesmas respostas que deu por escrito. **Seja espontâneo,**

LESSON 2

mas sempre tentando dar respostas completas. Lembre-se, quanto mais puder falar, melhor.

d. Com o livro fechado, ouça o áudio (faixa 4). É para praticar *listening*. Você vai ouvir as mesmas perguntas, feitas por Karen, sendo respondidas por Jim.

1. *Were you at work yesterday?* (Você estava no trabalho ontem?)

2. *Were you cold this morning?* (Você estava com frio hoje de manhã?)

3. *Were you a good student at school?* (Você era um bom aluno na escola?)

4. *Were you sick last weekend?*
(Você estava doente no último fim de semana?)

5. *Were you in the USA in 2005?* (Você estava nos EUA em 2005?)

6. *Were you there when it happened?* (Você estava lá quando aconteceu?)

7. *Were you engaged to her?* (Você estava noivo dela?)

8. *Was it hot last night?* (Estava calor ontem à noite?)

9. *Was your mother a teacher back then?*
(A sua mãe era professora naquela época?)

10. *Was the movie good?* (O filme era bom?)

11. *Was your birthday last month?* (Seu aniversário foi mês passado?)

12. *Was it a tough test?* (Foi uma prova dura?)

13. *Was your hair fairer when you were a child?*
(Seu cabelo era mais claro quando você era criança?)

PAST OF TO BE

14. *Was your last job boring?* (Seu ultimo trabalho era chato?)

15. *Was São Paulo the capital of Brazil?* (São Paulo era a capital do Brasil?)

16. *How was your day today?* (Como foi seu dia hoje?)

17. *Who was that man with you at the mall?*
    (Quem era aquele homem com você no shopping center?)

18. *Where were your born?* (Onde você nasceu?)

19. *How was the weather during your stay?*
    (Como estava o clima durante sua estadia?)

20. *How many people were there?* (Quantas pessoas estavam lá?)

21. *What was on TV?* (O que estava passando na TV?)

22. *How old were you when you got your first job?*
    (Quantos anos você tinha quando conseguiu seu primeiro emprego?)

23. *Why weren't you at her party?* (Por que você não estava na festa dela?)

24. *Who was the first president of The United States?*
    (Quem foi o primeiro presidente dos EUA?)

25. *What time was it?* (Que horas eram?)

26. *Whose car was that?* (De quem era aquele carro?)

27. *Was it expensive?* (Foi caro?)

28. *Were you right about the robbery?* (Você estava certo sobre o assalto?)

LESSON 2

29. *What was the name of your first English teacher?*
(Qual era o nome da sua primeira professora de Inglês?)

_____

30. *Was it worth it?* (Valeu a pena?)

_____

Lesson 3
Future of to be

(will you be)

Para formar o futuro dos verbos ser ou estar em inglês, basta utilizar o auxiliar *will* mais o verbo *be*.

A boa notícia é que não há variações na conjugação, todos usam *will be*:

I will be
you will be
he will be
she will be
it will be
we will be
you will be
they will be

Usa-se muito o auxiliar *will* contraído com os pronomes:

I'll
you'll
he'll
she'll
it'll
we'll
you'll
they'll

Exemplo:

*He **will be** a good father.* (Ele **será** um bom pai)

Ou

*He**'ll be** a good father.*

FORMA NEGATIVA

Para a forma negativa, usa-se o auxiliar no negativo: ***will not***, que na maioria das vezes aparece na forma contraída, ***won't***.

Exemplo:

*I **won't be** at work tomorrow.* (Eu **não estarei** no trabalho amanhã)

FORMA INTERROGATIVA

Para formar frases interrogativas, coloca-se o auxiliar ***will*** antes do sujeito.

Exemplo:

***Will** he **be** with us the whole week?*
(Ele **estará** conosco a semana toda?)

Seguem 20 perguntas para você treinar conversação usando *to be* no futuro.

Lembre-se: na vida real, uma resposta curta e objetiva muitas vezes é suficiente:

FUTURE OF TO BE

A) Will you be at home on Friday evening?
B) Yes.

Ou

A) Will they be ready by June?
B) No, they won't.

Mas quando você estiver treinando conversação, quanto mais falar (na resposta), melhor. Portanto, procure dar respostas completas, e convenientes. Faça pequenos comentários. Assim você forçará o hábito de falar mais, e ganhará confiança mais rapidamente.

Exemplo:

A) Will you be at home on Friday evening?
B) Yes, I'll be there.

Ou

A) Will they be ready by June?
B) No, they won't. I think they'll be ready by August.

Como fazer o exercício:

a. Responda todas as perguntas por escrito.
b. Ouça as perguntas no áudio (faixa 5) e responda-as **lendo suas frases**. Procure interagir com a voz do áudio como se fosse com uma pessoa real.
c. **Feche o livro**, toque a mesma faixa do áudio (faixa 5) e responda as perguntas novamente. Não precisa dar exatamente as mesmas respostas que deu por escrito. **Seja espontâneo, mas sempre tentando dar respostas completas. Lembre-se: quanto mais puder falar, melhor.

LESSON 3

d. Com o livro fechado, ouça o áudio (faixa 6). É para praticar *listening*. Você vai ouvir as mesmas perguntas, feitas por Karen, sendo respondidas por Jim.

1. *Will you be here tomorrow morning?*
(Você estará aqui amanhã de manhã?)

2. *Will you be too tired to go with us?*
(Você estará muito cansado para ir conosco?)

3. *Will it be rainy tomorrow, too?* (Estará chuvoso amanhã também?)

4. *Will the wedding be on Saturday or Sunday?*
(O casamento será no sábado ou no domingo?)

5. *Will you be good at English by the end of this year?*
(Você estará bom no Inglês até o final deste ano?)

6. *Will it be a big project?* (Será um grande projeto?)

7. *Will you be in bed at 10:00 or can I call you?*
(Você estará na cama às 10h ou posso te ligar?)

8. *Will you be comfortable here?* (Você estará confortável aqui?)

9. *Will they be in Canada for the holidays?*
(Eles estarão no Canadá no feriado/nas férias?)

10. *Will there be a band?* (Haverá uma banda?)

11. *Do you think the queue will be too long?*
(Você acha que a fila estará muito longa?)

12. *Do you think she will be mad at us?* (Você acha que ela estará/ficará zangada conosco?)

FUTURE OF TO BE

13. *Will the cab be in front of the airport?*

(O taxi estará em frente ao aeroporto?)

14. *Will it be the first time you travel abroad?*

(Será a primeira vez que você viajará para o exterior?)

15. *Will she be as famous as Madonna?*

(Ela será tão famosa quanto Madonna?)

16. *Will he be taller than his father?* (Ele será mais alto que o pai dele?)

17. *Will English be spoken in every country of the world in the next century?* (O inglês será falado em todos os países do mundo no próximo século?)

18. *Will the library be closed tomorrow?*

(A biblioteca estará fechada amanhã?)

19. *Will the tickets be cheaper than the last time?*

(As entradas estarão mais baratas que da última vez?)

20. *Will the movie be as good as the book? What do you think?*

(O filme será tão bom quanto o livro? O que você acha?)

Lesson 4
Simple Present

(do you, does she)

O *Simple Present* é usado para expressar uma ação que acontece habitualmente. Pode expressar também verdades universais. Equivale ao presente do indicativo em português.

Nas frases afirmativas com *he*, *she* e *it* (3ª pessoa do singular) deve-se acrescentar **s** ou **es** aos verbos:

I **work**
You **work**
He **work**s/**goes**
She **work**s/**goes**
It **work**s/**goes**
We **work**
You **work**
They **work**

Se o verbo terminar em -s,-sh, -ch, -x ou -o acrescente **es**.

I fix
*he fix***es**

Se o verbo terminar em -y e antes deste houver uma consoante, tire o **y** e acrescente **ies**.

*I stud***y**
*he stud***ies**

LESSON 4

FORMAS NEGATIVA E INTERROGATIVA

Nas formas negativa e interrogativa, usam-se os auxiliares: *do* e *does*.

Para distinguir quem usa qual, memorize assim:

he, *she*, *it* (3ª pessoa do singular) usam *does*, os restantes usam *do*.

Exemplos:

A) *Do you live alone?*
B) *No, I don't. I live with my mother and sister.*

A) *Does he work on Saturdays?*
B) *No, he doesn't. He works from Monday to Friday.*

Lembre-se: não são literalmente só *he*, *she* e *it* que usam *does/doesn't* na negativa e interrogativa. Qualquer nome/substantivo que equivalha a um deles também usa.

Exemplos:

Does Marcos have a car? (Marcos = he)

Where does your sister-in-law live? (sister-in-law = she)

Atenção: com substantivos no plural sempre se usa *do/don't*.

Exemplos:

Do the tourists have breakfast in the restaurant or in their bedrooms? (the tourists = they)

When do the packages arrive? (packages = they)

The envelopes don't have the address of the sender.

(envelopes = they)

Seguem 30 perguntas para você treinar conversação usando *Simple Present*.

Lembre-se: na vida real, uma resposta curta e objetiva muitas vezes é suficiente:

A) Do you have a pet?
B) Yes, I do.

Ou

A) How often do you go the movies?
B) Once or twice a month.

Mas quando você estiver treinando conversação, quanto mais falar (na resposta), melhor. Portanto, procure dar respostas completas, e convenientes. Faça pequenos comentários. Assim você forçará o hábito de falar mais, e ganhará confiança mais rapidamente.

Exemplo:

A) Do you have a pet?
B) Yes. Actually, I have two. A dog and a small parrot.

Ou

A) How often do you go the movies?
B) I go to the movies once or twice a month. I really enjoy it. I wish I could go more often.

LESSON 4

Como fazer o exercício:

a. Responda todas as perguntas por escrito. Lembre-se: o ideal é que sejam respostas completas.

b. Ouça as perguntas no áudio (faixa 7) e responda-as **lendo suas frases**. Procure interagir com a voz do áudio como se fosse com uma pessoa real.

c. **Feche o livro**, toque a mesma faixa do áudio (faixa7) e responda as perguntas novamente. Não precisa dar exatamente as mesmas respostas que deu por escrito. **Seja espontâneo**, mas sempre tentando dar respostas completas. Lembre-se: quanto mais puder falar, melhor.

d. Com o livro fechado, ouça o áudio (faixa 8). É para praticar *listening.* Você vai ouvir as mesmas perguntas, feitas por Karen, sendo respondidas por Jim.

1. *Do you have a pet?* (Você tem bicho de estimação?)

_____

2. *Do you drink a lot of coffee?* (Você bebe muito café?)

_____

3. *Do you play any musical instruments?*
(Você toca algum instrumento musical?)

_____

4. *Do you live alone?* (Você mora sozinho?)

_____

5. *Do you get up early?* (Você levanta cedo?)

_____

6. *Do you read the newspaper every day?* (Você lê o jornal todos os dias?)

_____

7. *Do you frequently send e-mails?* (Você envia e-mails frequentemente?)

_____

8. *Do you see your parents every week?* (Você vê seus pais toda semana?)

_____

9. *Do you do yoga?* (Você faz yoga?)

_____

SIMPLE PRESENT

10. *Do you go to bed late on Saturdays?*
(Você vai para cama tarde aos sábados?)

11. *Does it rain a lot where you live?* (Chove muito onde você mora?)

12. *Does your boss talk to you every day?*
(Seu chefe fala com você todos os dias?)

13. *Does your best friend usually call you?*
(Seu melhor amigo te liga geralmente?)

14. *Does the president speak English?* (O presidente fala inglês?)

15. *Does the supermarket near your house open on Sundays?*
(O supermercado perto da sua casa abre aos domingos?)

16. *Where do you usually go on Sunday afternoons?*
(Onde você costuma ir nos domingos à tarde?)

17. *How often do you buy clothes?* (Com que frequência você compra roupas?)

18. *Why does your friend leave work earlier than you?*
(Por que seu amigo sai do trabalho mais cedo que você?)

19. *What do you like to watch on TV?* (O que você gosta de assistir na TV?)

20. *Which shirt does he prefer wearing?* (Qual camisa ele prefere vestir?)

21. *Why do you want to speak English fluently?*
(Por que você quer falar inglês fluentemente?)

22. *How many cousins do you have?* (Quantos primos você tem?)

23. *How long does it take by bus?* (Quanto tempo leva de ônibus?)

LESSON 4

24. *When do you usually read your e-mails?*
(Quando você costuma ler seus e-mails?)

25. *How does he come to work?* (Como ele vem ao trabalho?)

26. *How much water do you drink per day?* (Quanta água você bebe por dia?)

27. *Where do you park your car when you go downtown?*
(Onde você estaciona seu carro quando vai ao centro?)

28. *Which TV news do you prefer watching?*
(Qual telejornal você prefere assistir?)

29. *How often does your mother call you?*
(Com que frequência sua mãe te liga?)

30. *Who does your brother work for?* (Para quem seu irmão trabalha?)

Lesson 5
Present Continuous

(are you working)

O *Present Continuous* também é conhecido como *Present Progressive*. Usa-se, na maioria das vezes, quando se quer expressar uma ação que está acontecendo no momento da fala. Em outros casos, para expressar uma ação ou situação que está ocorrendo temporariamente.

A forma afirmativa do *Present Continuous* é:

am
is + **verb** + **ing**
are

O uso de **am**, **is** ou **are** depende do sujeito da frase.

Bruna **is watching** *TV now.* (Bruna está assistindo TV agora.)

They **are sleeping** *on the sofa.* (Eles estão dormindo no sofá.)

I **am studying**
You **are studying**
He **is studying**
She **is studying**
It **is studying**
We **are studying**
You **are studying**
They **are studying**

LESSON 5

FORMA NEGATIVA

Para negar no *Present Continuous*, basta utilizar **am**, **is** e **are** na forma negativa: **am not**, **isn't** e **aren't**.

Exemplos:

*My sister **isn't working** now.* (Minha irmã **não está trabalhando** agora.)

*We **aren't living** downtown.* (Nós **não estamos morando** no centro.)

FORMA INTERROGATIVA

Para formar frases interrogativas basta posicionar o verbo *to be* antes do sujeito.

Exemplos:

***Are** you **watching** this game on TV?*
(Você **está assistindo** a esse jogo na TV?)

*Where **is** he **working**?* (Onde ele **está trabalhando**?)

Seguem 30 perguntas para você treinar conversação usando *Present Continuous*.

Lembre-se: na vida real, uma resposta curta e objetiva muitas vezes é suficiente:

Alguém liga para você no celular e pergunta:

A) Are you driving now?
B) No, I'm not.

Ou

Alguém encontra você num bar e, ao sentar, pergunta:

A) What are you drinking?
B) Chashew fruit juice.

Mas quando você estiver treinando conversação, quanto mais falar (na resposta), melhor. Portanto, procure dar respostas completas, e convenientes. Faça pequenos comentários. Assim você forçará o hábito de falar mais, e ganhará confiança mais rapidamente.

A) Are you driving now?
B) No, I'm not driving. I'm walking to the bakery, we can talk.

Ou

A) What are you drinking?
B) I'm drinking cashew fruit juice. It's great, would you like to try it?

Como fazer o exercício:

a. Responda todas as perguntas por escrito.
b. Ouça as perguntas no áudio (faixa 9) e responda-as **lendo suas frases**.
c. **Feche o livro**, toque a mesma faixa do áudio (faixa 9) e responda as perguntas novamente. Não precisa dar exatamente as mesmas respostas que deu por escrito. **Seja espontâneo**, mas sempre tentando dar respostas completas. Lembre-se: quanto mais puder falar, melhor.
d. Com o livro fechado, ouça o áudio (faixa 10). É para praticar *listening*. Você vai ouvir as mesmas perguntas, feitas por Karen, sendo respondidas por Jim.

1. *Are you living alone?* (Você está morando sozinho?)

LESSON 5

2. *Are you working with your dad?* (Você está trabalhando com seu pai?)

3. *Are you reading Dan Braun's new book?*
   (Você está lendo o novo livro de Dan Braun?)

4. *Are you working out? You look great!*
   (Você está malhando? Você parece ótimo!)

5. *Are you watching channel 21?* (Você está assistindo ao canal 21?)

6. *Are you looking for your key?* (Você está procurando sua chave?)

7. *Is your mother waiting in the car?* (Sua mãe está esperando no carro?)

8. *Is the teacher talking to Amir?* (O professor está conversando com Amir?)

9. *Is it raining now?* (Está chovendo agora?)

10. *Is that man waving to us?* (Aquele homem está acenando para nós?)

11. *What are you eating?* (O que você está comendo?)

12. *Which movie are you watching?* (Qual filme você está assistindo?)

13. *Who is sitting beside you at college?*
    (Quem está sentado ao seu lado na faculdade?)

14. *Why are you shivering?* (Por que você está tremendo?)

15. *Where is your son studying?* (Onde seu filho está estudando?)

16. *Why are you laughing?* (Por que você está rindo?)

17. *What is he writing about?* (Sobre o que ele está escrevendo?)

PRESENT CONTINUOUS

18. *Are you wearing your brother's new jacket?*

(Você está vestindo a nova jaqueta do seu irmão?)

19. *What are you taking for your headaches?*

(O que você está tomando para suas dores de cabeça?)

20. *Are you enjoying the party?* (Você está curtindo a festa?)

21. *Is Alice staying at your house?* (Alice está ficando na sua casa?)

22. *Where are you keeping the money you're earning?*

(Onde você está guardando o dinheiro que está ganhando?)

23. *What are you thinking about?* (Sobre o que você está pensando?)

24. *Where are they broadcasting from?* (De onde eles estão transmitindo?)

25. *What are you guys talking about?*

(Sobre o que vocês (caras) estão conversando?)

26. *What are you doing exactly at this moment?*

(O que você está fazendo exatamente neste momento?)

27. *What are you drawing?* (O que você está desenhando?)

28. *What are you carrying in those bags?*

(O que você está carregando naquelas sacolas?)

29. *What is your wife preparing for dinner?*

(O que sua esposa está preparando para o jantar?)

30. *Am I bothering you?* (Estou incomodando você?)

Lesson 6
Past Continuous

(were you sleeping)

O *Past Continuous* também é conhecido como *Past Progressive*. Usa-se para expressar uma ação que estava acontecendo num certo ponto no passado. A forma do *Past Continuous* é:

was
were + **verb** + **ing**

Exemplos:

*I **was watching** the news when you called.*
(Eu **estava assistindo** o noticiário quando você telefonou)

*They **were sleeping** on the sofa last night.*
(Eles **estavam dormindo** no sofá ontem à noite)

Não esqueça da conjugação correta:

*I **was watching***
*You **were watching***
*He **was watching***
*She **was watching***
*It **was watching***
*We **were watching***
*You **were watching***
*They **were watching***

FORMA NEGATIVA

Para formar frases negativas no *Past Continuous* basta utilizar *was* e *were* em suas formas negativas: *wasn't* e *weren't*.

Exemplos:

*He **wasn't doing** anything.* (Ele **não estava** fazendo nada)

*We **weren't using** his computer.*
(Nós **não estávamos** usando o computador dele)

FORMA INTERROGATIVA

Para formar frases interrogativas basta posicionar o verbo *to be* antes do sujeito.

Exemplos:

***Were** you **using** the phone when she saw you?*
(Você **estava usando** o telefone quando ela te viu?)

*What **was** Kelly **doing** there?* (O que a Kelly **estava fazendo** lá?)

Seguem 20 perguntas para você treinar conversação usando *Past Continuous*.

Lembre-se: na vida real, uma resposta curta e objetiva muitas vezes é suficiente:

A) Were you talking to John?
B) No, I wasn't.

Ou

PAST CONTINUOUS

A) What were you doing there?
B) Watching a movie.

Mas quando você estiver treinando conversação, quanto mais falar (na resposta), melhor. Portanto, procure dar respostas completas, e convenientes. Faça pequenos comentários. Assim você forçará o hábito de falar mais, e ganhará confiança mais rapidamente.

Exemplos:

A) Were you talking to John?
B) No, I wasn't talking to John. I was talking to Frank, my new boss.

Ou

A) What were you doing there?
B) We were watching a movie and eating this huge pizza Isabella had made.

Como fazer o exercício:

a. Responda todas as perguntas por escrito.
b. Ouça as perguntas no áudio (faixa 11) e responda-as **lendo suas frases**. Procure interagir com a voz do áudio como se fosse com uma pessoa real.
c. **Feche o livro,** toque a mesma faixa do áudio (faixa 11) e responda as perguntas novamente. Não precisa dar exatamente as mesmas respostas que deu por escrito. **Seja espontâneo,** mas sempre tentando dar respostas completas. Lembre-se: quanto mais puder falar, melhor.
d. Com o livro fechado, ouça o áudio (faixa 12). É para praticar *listening.* Você vai ouvir as mesmas perguntas, feitas por Karen, sendo respondidas por Jim.

LESSON 6

1. *Were you sleeping when I called you?*
(Você estava dormindo quando eu liguei pra você?)

2. *Were you working last Friday night?*
(Você estava trabalhando à noite na sexta-feira passada?)

3. *Were you using my cell phone?* (Você estava usando meu telefone celular?)

4. *Was your neighbor bothering you this morning?*
(Seu vizinho estava incomodando você hoje de manhã?)

5. *Was it snowing when you arrived there?*
(Estava nevando quando você chegou lá?)

6. *Who was helping you?* (Quem estava ajudando você?)

7. *What were you doing when they entered the room?*
(O que você estava fazendo quando eles entraram na sala?)

8. *Why weren't you wearing your uniform?*
(Por que você não estava usando seu uniforme?)

9. *Who was that girl sitting in front of you?*
(Quem era aquela garota sentada na sua frente?)

10. *What were you buying at the drugstore?*
(O que você estava comprando na farmácia?)

11. *Who was singing at the party?* (Quem estava cantando na festa?)

12. *What was going on there?* (O que estava acontecendo lá?)

13. *What were they complaining about?*
(Sobre o que eles estavam reclamando?)

PAST CONTINUOUS

14. *Why was he shouting at you?* (Por que ele estava gritando com você?)

15. *Were you driving too fast?* (Você estava dirigindo rápido demais?)

16. *Were they losing when you started watching the game?*
(Eles estavam perdendo quando você começou a assistir ao jogo?)

17. *What were you doing while the teacher was absent?*
(O que você estava fazendo enquanto o professor estava ausente?)

18. *Why was she crying?* (Por que ela estava chorando?)

19. *You were agitated last night, what were you dreaming about?*
(Você estava agitado ontem à noite, com o que você estava sonhando?)

20. *Were they telling the truth?* (Eles estavam dizendo a verdade?)

Lesson 7
Simple Past

(did you)

O *Simple Past* equivale ao pretérito perfeito em português. É usado para expressar ações que aconteceram num passado com o tempo determinado.

Os verbos no *Simple Past* são divididos em duas categorias: os regulares e os irregulares.

É dito verbo regular qualquer um cujo passado é formado com a terminação **-ed**.

Exemplo de verbos regulares:

play played
need needed
work worked

Já os irregulares são verbos cujo passado geralmente tem a ortografia diferente (no mínimo em uma letra) do original, ou exatamente igual. Em resumo, qualquer verbo ao qual não é acrescentado **-ed** no final é irregular.

Exemplo de verbos irregulares:

go **went**
buy **bought**

LESSON 7

make **made**
cut **cut**

Nas frases afirmativas, não há conjugação no *Simple Past*:

I **went**
You **went**
He **went**
She **went**
It **went**
We **went**
You **went**
They **went**

FORMA NEGATIVA

O auxiliar usado para formar frases negativas no *Simple Past* é o ***didn't***.

Não esqueça! O auxiliar ***didn't*** é uma espécie de "vírus do passado". Quando usado numa frase, indica que o tempo verbal é o passado, mesmo que o verbo principal tenha que estar em sua forma simples. Então: em frases negativas, usa-se ***didn't*** e o verbo no infinitivo (sem *to*).

Exemplos:

I saw Nasser last night. (Afirmativa: Eu vi Nasser ontem á noite.)
*I **didn't** see Samya on Sunday.* (Negativa: Eu **não vi** Samya no domingo)

Percebeu que na frase negativa (na qual se usa o ***didn't***) o verbo volta para o infinitivo?

Outro exemplo:

SIMPLE PAST

They worked a lot yesterday. (Afirmativa: Eles **trabalharam** muito ontem.)

*They **didn't** work this morning.*

(Negativa: Eles **não trabalharam** hoje de manhã.)

INTERROGATIVA

Para formar frases interrogativas, usa-se o auxiliar ***did***. O verbo deve estar no infinitivo sem *to*, similar ao que acontece na forma negativa. O auxiliar ***did*** faz o trabalho de indicar que a oração está no passado, e deve aparecer antes do sujeito.

Exemplos:

*A) **Did** you go to the party on Saturday?*

(Você foi para a festa no sábado?)

*B) No, I **didn't** go. I stayed home.* (Não, não fui. Fiquei em casa.)

C) Yes, I went. It was great. (Sim, fui. Estava ótima.)

*A) **Did** you open the bedroom window last night?*

(Você abriu a janela do quarto ontem á noite?)

B) Yes, I opened it. It was too hot. (Sim, abri. Estava muito calor.)

*C) No, I **didn't** open it. I think mom did.*

(Não, não abri. Eu acho que foi a mamãe.)

Seguem 30 perguntas para você treinar conversação usando *Simple Past*.

Lembre-se: na vida real, uma resposta curta e objetiva muitas vezes é suficiente:

A) Did you watch the news last night?
B) Yes, I did.

Ou

LESSON 7

A) Where did you buy this watch?
B) In Miami.

Mas quando você estiver treinando conversação, quanto mais falar (na resposta), melhor. Portanto, procure dar respostas completas, e convenientes. Faça pequenos comentários. Assim você forçará o hábito de falar mais, e ganhará confiança mais rapidamente.

Exemplos:

A) Did you watch the news last night?
B) Yes, I watched it with my dad. Why do you ask?

Ou

A) Where did you buy this watch?
B) I bought it while I was in Miami two years ago.

Como fazer o exercício:

a. Responda todas as perguntas por escrito.
b. Ouça as perguntas no áudio (faixa 13) e responda-as **lendo suas frases**. Procure interagir com a voz do áudio como se fosse com uma pessoa real.
c. **Feche o livro**, toque a mesma faixa do áudio (faixa 13) e responda as perguntas novamente. Não precisa dar exatamente as mesmas respostas que deu por escrito. **Seja espontâneo**, mas sempre tentando dar respostas completas. Lembre-se: quanto mais puder falar, melhor.
d. Com o livro fechado, ouça o áudio (faixa 14). É para praticar *listening*. Você vai ouvir as mesmas perguntas, feitas por Karen, sendo respondidas por Jim.

1. *Did you work yesterday?* (Você trabalhou ontem?)

SIMPLE PAST

2. *Did you eat pizza last night?* (Você comeu pizza ontem à noite?)

3. *Did you read today's newspaper?* (Você leu o jornal de hoje?)

4. *Did you drink only juice at the party?* (Você bebeu só suco na festa?)

5. *Did you do the math homework?* (Você fez a tarefa de matemática?)

6. *Did you drive his new car that day?*
(Você dirigiu o carro novo dele naquele dia?)

7. *Did you talk to Peter last week?* (Você falou com o Peter semana passada?)

8. *Did you travel alone?* (Você viajou sozinho?)

9. *Did you write an article for the college paper?*
(Você escreveu um artigo para o jornal da faculdade?)

10. *Did you understand what he said?* (Você entendeu o que ele disse?)

11. *Did your brother visit you last month?*
(Seu irmão visitou você mês passado?)

12. *Did it snow while you were in London?*
(Nevou enquanto você estava em Londres?)

13. *Did your teacher correct your test on the same day?*
(Seu professor corrigiu sua prova no mesmo dia?)

14. *Did the president talk about it?* (O presidente falou sobre o assunto?)

15. *Did your boss give you a raise?* (Seu chefe lhe deu um aumento?)

16. *Did your son spend all the money?* (Seu filho gastou todo o dinheiro?)

LESSON 7

17. *Did she burn her finger?* (Ela queimou o dedo dela?)

18. *Did they open the bakery yesterday?* (Eles abriram a padaria ontem?)

19. *Did you feed the dog today?* (Você alimentou o cachorro hoje?)

20. *Where did you learn English?* (Onde você aprendeu Inglês?)

21. *What time did you get up today?* (Que horas você levantou hoje?)

22. *Why did you come back?* (Por que você voltou?)

23. *Which book did you give him?* (Qual livro você deu a ele?)

24. *How many people did you invite?* (Quantas pessoas você convidou?)

25. *How much did you pay for it?* (Quanto você pagou por ela?)

26. *How did the meeting go?* (Como foi a reunião?)

27. *How often did she call you?* (Com que frequência ela ligava para você?)

28. *When did they arrive?* (Quando eles chegaram?)

29. *Who sent you this?* (Quem enviou isso para você?)

30. *What did you do last Sunday?* (O que você fez domingo passado?)

Lesson 8
General Review 1

Esta lição é de revisão. Nela, dois tipos de exercícios são apresentados. O primeiro é igual ao das demais lições, ou seja, perguntas para serem respondidas. Primeiro por escrito e depois oralmente, interagindo com o áudio. A diferença é que estão misturadas, e não separadas por tópicos gramaticais.

No segundo exercício, a proposta é diferente. Você deverá elaborar perguntas para as respostas sugeridas. Lembre-se: na vida real, numa situação de conversação, pessoas A e B revezam entre si os papéis de "perguntador" e "respondedor". Por isso, é bom praticar os dois lados.

EXERCÍCIO 1

Como fazer o exercício:

a. Responda todas as perguntas por escrito.
b. Ouça as perguntas no áudio (faixa 15) e responda-as **lendo suas frases**. Procure interagir com a voz do áudio como se fosse com uma pessoa real.
c. **Feche o livro**, toque a mesma faixa do áudio (faixa 15) e responda as perguntas novamente. Não precisa dar exatamente as mesmas respostas que deu por escrito. **Seja espontâneo**, mas sempre tentando dar respostas completas. Lembre-se: quanto mais puder falar, melhor.
d. Com o livro fechado, ouça o áudio (faixa 16). É para praticar *listening*. Você vai ouvir as mesmas perguntas, feitas por Karen, sendo respondidas por Jim.

LESSON 8

1. *Where were you yesterday afternoon?*
(Onde você estava ontem à tarde?)

2. *Did you take your cell phone with you?*
(Você levou seu celular com você?)

3. *Why didn't you leave me a message?*
(Por que você não me deixou um recado?)

4. *Who was that woman is your car?*
(Quem era aquela mulher no seu carro?)

5. *What are you reading about?* (Sobre o que você está lendo?)

6. *Does your roommate snore?*
(Seu companheiro de quarto/apartamento ronca?)

7. *Why were you absent from class on Friday?*
(Por que você estava ausente da aula na sexta-feira?)

8. *Why did you sell your computer?* (Por que você vendeu seu computador?)

9. *Is it safe?* (É seguro?)

10. *Am I talking too much?* (Estou falando muito?)

11. *Was the light on when you arrived?*
(A luz estava acesa quando você chegou?)

12. *Does your house have a big garage?*
(Sua casa tem uma garagem grande?)

13. *How many T-shirts did you buy?* (Quantas camisetas você comprou?)

14. *What time did you go to bed?* (Que horas você foi dormir?)

GENERAL REVIEW 1

15. *Who is it?* (Quem é?)

16. *Where were you born?* (Onde você nasceu?)

17. *Which is your favorite holiday?* (Qual é seu feriado favorito?)

18. *What did you have for lunch today?* (O que você comeu no almoço hoje?)

19. *Does your mobile phone have Bluetooth?* (Seu celular tem Bluetooth?)

20. *Whose jacket is that one on the couch?*
(De quem é aquela jaqueta em cima do sofá?)

EXERCÍCIO 2

No exercício a seguir, você vai mudar de lado; quer dizer, ao invés de responder, você deverá fazer as perguntas. Afinal, numa conversação entre duas ou mais pessoas, dificilmente alguém consegue permanecer apenas como respondedor.

Observe bem a resposta. Tente imaginar em que situação ela ocorre e quem provavelmente a está fazendo. Em seguida, elabore a sua pergunta.

1.

No, I'm not. (Não, não estou/sou.)

2.

Yes, it is. (Sim, é.)

3.

No, I didn't. Actually, I went by bus. (Não. Na verdade, eu fui de ônibus.)

4.

LESSON 8

Yes, I did. It was wonderful. (Sim, foi maravilhoso.)

5. _____

_____

I study English twice a week. (Eu estudo Inglês duas vezes por semana.)

6. _____

_____

I think he's in the kitchen preparing something.

(Eu acho que ele está na cozinha, preparando algo.)

7. _____

_____

Sorry, I don't know where it is. (Desculpe, eu não sei onde é/está.)

8. _____

_____

No, she wasn't. She was just sitting there.

(Não ela não estava. Ela estava só sentada lá.)

9. _____

_____

It's on March 12th. (É no dia 12 de março.)

10. _____

_____

It was easier that I thought. (Foi mais fácil do que eu pensei.)

11. _____

_____

Yes, we do. (Sim, nós... [presente])

12. _____

_____

No, they weren't. (Não, eles não eram/estavam.)

13. _____

_____

Yes, I will. (Sim, eu... [futuro])

14. _____

_____

No, I read it in English. (Não, eu li em Inglês.)

15. _____

_____

Yes, I did. (Sim, eu... [passado])

(will you call)

Há duas maneiras de expressar o futuro em Inglês. O futuro com o auxiliar **will** e outro com **going to**.

Nessa lição você vai treinar o futuro com **will**, que é usado quando a decisão de fazer algo no futuro, próximo ou distante, é tomada no momento da fala.

Para entender melhor, imagine a seguinte situação: Michael é um executivo que está reunido em sua sala com seus gerentes. De repente, sua secretária entra na sala e lhe diz:

Secretary: "Michael, your brother Sam is on the phone and wants to talk to you."
*Michael: "I **will finish** this meeting at 10:00, I'**ll call** him then."*

Percebeu? A secretaria de Michael lhe trouxe uma informação, e ele precisou tomar uma decisão e dizer o que faria. Por isso usou **will**.

Agora imagine a seguinte sequência: alguns minutos antes das 10:00 (horário em que Michael irá terminar a reunião e logo depois ligar para seu irmão) sua esposa, Rachel, liga em seu celular e diz:

Rachel: "Hi honey, I just called to remind you about our lunch with the Baxters today at 12:30. Ah! And Sam called, he wants to talk to you."
Michael: "I know, I'm going to call him as soon as I finish this meeting."

Veja agora a diferença: o Michael já havia tomado a decisão de ligar para seu irmão Sam. Por isso, quando contou à sua esposa, usou *going to*.

O auxiliar *will* é usado com todos os pronomes, e depois dele usa-se o verbo no infinitivo sem *to*.

I
you
he
she   **will** + *verb*
it
we
you
they

NEGATIVO

A forma negativa é **will not** ou abreviado **won't**.

They **will** *travel with us.* (Afirmativo: Eles viajarão conosco.)

They **won't** *travel with us.* (Negativo: Eles não viajarão conosco.)

INTERROGATIVO

Para formar frases negativas, basta colocar o auxiliar **will** antes do sujeito.

Exemplos:

*He **will** call again at night.* (Afirmativo:; Ele ligará novamente à noite.)

***Will** he call again at night?* (Interrogativo:; Ele ligará novamente à noite?)

Seguem 30 perguntas para você treinar conversação usando *will*.

Lembre-se: na vida real, uma resposta curta e objetiva muitas vezes é suficiente:

A) Will you buy one?
B) No, I won't.

Ou

A) Where will you travel to on your vacation?
B) To Rio.

Mas quando você estiver treinando conversação, quanto mais falar (na resposta), melhor. Portanto, procure dar respostas completas, e convenientes. Faça pequenos comentários. Assim você forçará o hábito de falar mais, e ganhará confiança mais rapidamente.

A) Will you buy a new one?
B) No, I won't buy one. I think it's too expensive.

Ou

A) Where will you travel to on your vacation?
B) I think we will go to Rio, they say it is beautiful.

LESSON 9

Como fazer o exercício:

a. Responda todas as perguntas por escrito.
b. Ouça as perguntas no áudio (faixa 17) e responda-as **lendo suas frases**. Procure interagir com a voz do áudio como se fosse com uma pessoa real.
c. **Feche o livro**, toque a mesma faixa do áudio (faixa 17) e responda as perguntas novamente. Não precisa dar exatamente as mesmas respostas que deu por escrito. **Seja espontâneo**, mas sempre tentando dar respostas completas. Lembre-se: quanto mais puder falar, melhor.
d. Com o livro fechado, ouça o áudio (faixa 18). É para praticar *listening*. Você vai ouvir as mesmas perguntas, feitas por Karen, sendo respondidas por Jim.

1. *Will you go to my party?* (Você irá a minha festa?)

   _____

2. *Will you have lunch at home today?* (Você almoçará em casa hoje?)

   _____

3. *Will you give me her phone number later?*
   (Você me dará o número do telefone dela mais tarde?)

   _____

4. *What will you do tonight?* (O que você fará hoje à noite?)

   _____

5. *At what time will you arrive there?* (A que horas você chegará lá?)

   _____

6. *Who will help you with the report?* (Quem irá ajudá-lo com o relatório?)

   _____

7. *Which one will you pick?* (Qual você escolherá?)

   _____

8. *How many Easter eggs will you buy?*
   (Quantos ovos de páscoa você comprará?)

   _____

9. *Where will you take her for dinner?* (Onde você a levará para jantar?)

   _____

FUTURE 1

10. *Will your parents visit you at Christmas?*

(Seus pais visitarão você no Natal?)

11. *When will you send your résumé?* (Quando você enviará seu currículo?)

12. *Will you stay at your cousin's or in a hotel?*

(Você ficará na casa do seu primo ou em um hotel?)

13. *Will the meeting be in your office?* (A reunião será no seu escritório?)

14. *When will your report be ready?* (Quando o seu relatório estará pronto?)

15. *How much will it cost?* (Quanto custará?)

16. *Will it rain tomorrow? What do you think?*

(Você acha que choverá amanhã?)

17. *What will happen if she fails?* (O que acontecerá se ela reprovar?)

18. *What will you do if he doesn't lend you the money?*

(O que você fará se ele não lhe emprestar o dinheiro?)

19. *Who will give the lecture if Mr. Scholer can't come?*

(Quem dará a palestra se o Sr. Scholer não puder vir?)

20. *Where will you eat if that restaurant is closed?*

(Onde você comerá se aquele restaurante estiver fechado?)

21. *Oh no! I forgot my cell phone at home. Will you lend me yours? I need to call my boss.*

(Ah, não! Eu esqueci meu telefone celular em casa. Você me empresta o seu? Preciso ligar para o meu chefe.)

22. *Will you apply for that job at the library?*

(Você vai se candidatar àquele emprego na biblioteca?)

LESSON 9

23. *Where will the new hospital be built?*

(Onde o novo hospital será construído?)

---

24. *Who will take you to the airport?* (Quem levará você ao aeroporto?)

---

25. *When will they get married?* (Quando eles se casarão?)

---

26. *Do you think the final test will be difficult?*

(Você acha que a prova final será difícil?)

---

27. *Do you think Amir will like the present I bought him?*

(Você acha que o Amir gostará do presente que eu comprei para ele?)

---

28. *What do you think she will do with all that money she won?*

(O que você acha que ela fará com todo aquele dinheiro que ganhou?)

---

29. *Where do you think the next Olympic Games will be held?*

(Onde você acha que as próximas Olimpíadas serão realizadas?)

---

30. *Who do you think will be the next president of the United States?*

(Quem você acha que será o próximo presidente dos EUA?)

Lesson 10
Future 2

(are you going to travel)

Como já foi lembrado na lição 9, há duas maneiras de expressar o futuro em Inglês. Nesta lição, você treinará conversação no futuro usando **going to**.

Quando o que será feito já havia sido planejado antes, quer dizer, não é uma decisão tomada na hora em que se está conversando, usa-se o futuro com **going to**.

Exemplo:

Carlos já combinou com sua esposa que, no sábado à noite, irão ao cinema e depois jantarão num restaurante. No trabalho, o colega de Carlos o convida para uma festa:

*William: "Hey Carlos, there **is going to be** this great party on Saturday, would you like to go?"*
*Carlos: "No, thanks. **I'm going to watch** a movie with my wife and later we're going to have dinner out."*

Imagine então que William vira para outro colega, Marc, e o convida. Marc aceita e diz:

*Marc: "I'm free on Saturday, **I'll go**."*
William: "Great! You know what? Since we live near each other, we can go together."
*Marc: "Excellent idea. So, **I'll pick** you **up** at 10. OK?"*

LESSON 10

Perceba que William, com tudo já planejado, disse o que fará usando *going to*. Já Marc usou *will* enquanto ia tomando decisões do que irá fazer.

A estrutura do futuro com *going to* é feita da seguinte forma:

am
is + *going to* + *verb*
are

Exemplos:

*They **are going to** travel by bus.* (Eles **vão** viajar de ônibus.)

*Meggy **is going to** have a baby!* (Meggy **vai** ter um bebê.)

*I **am going to** stay here tonight.* (Eu **vou** ficar aqui esta noite.)

FORMA NEGATIVA

Para a forma negativa, basta negar o auxiliar *be*:

am not
isn't + *going to* + *verb*
aren't

Exemplos:

*They **aren't** going to travel by bus.* (Eles **não vão** viajar de ônibus.)

*She **isn't** going to study at night.* (Ela **não vai** estudar à noite.)

*I**'m not** going to work tomorrow.* (Eu **não vou** trabalhar amanhã.)

FORMA INTERROGATIVA

Para formar frases interrogativas, deve-se colocar o auxiliar *be* antes do sujeito:

Are you going to + verb.

Is he going to + verb.

Am I going to + verb.

Exemplos:

*Are they **going to** travel by plane?* (Eles **vão** viajar de avião?)

*Is he **going to** study in Europe?* (Ele **vai** estudar na Europa?)

*Am I **going to** pass? What do you think?* (Você acha que eu **vou** passar?)

Seguem 30 perguntas para você treinar conversação usando *going to*:

Lembre-se: na vida real, uma resposta curta e objetiva muitas vezes é suficiente:

A) Are you going to buy Jackie's car?
B) No, I'm not.

Ou

A) Where are you going to have lunch today?
B) At Becky's.

Mas quando você estiver treinando conversação, quanto mais falar (na resposta), melhor. Portanto, procure dar respostas completas, e convenientes. Faça pequenos comentários. Assim

LESSON 10

você forçará o hábito de falar mais, e ganhará confiança mais rapidamente.

Exemplos:

A) Are you going to buy Jackie's car?
B) No, I'm not going to buy it. It's a big car, I want a smaller one.

Ou

A) Where are you going to have lunch today?
B) I'm going to eat some Italian food at Becky's.

Como fazer o exercício:

a. Responda todas as perguntas por escrito.
b. Ouça as perguntas no áudio (faixa 19) e responda-as **lendo suas frases**. Procure interagir com a voz do áudio como se fosse com uma pessoa real.
c. **Feche o livro**, toque a mesma faixa do áudio (faixa 19) e responda as perguntas novamente. Não precisa dar exatamente as mesmas respostas que deu por escrito. **Seja espontâneo,** mas sempre tentando dar respostas completas. Lembre-se: quanto mais puder falar, melhor.
d. Com o livro fechado, ouça o áudio (faixa 20). É para praticar *listening.* Você vai ouvir as mesmas perguntas, feitas por Karen, sendo respondidas por Jim.

1. *Are you going to call your parents tonight?*
   (Você vai ligar para os seus pais hoje à noite?)

   _____

2. *Are you going to send her an e-mail?* (Você vai mandar um e-mail para ela?)

   _____

3. *Are you going to see a dentist this week?*
   (Você vai consultar um dentista esta semana?)

   _____

FUTURE 2

4. *Is your fiancée going to live with you?* (Sua noiva vai morar com você?)

5. *Are you going to get a raise this year?*
   (Você vai ganhar um aumento este ano?)

6. *Are you going to start your new job on Monday?*
   (Você vai começar seu novo emprego na segunda?)

7. *Is he going to pay cash?* (Ele vai pagar à vista?)

8. *What are you going to do on the weekend?*
   (O que você vai fazer no fim de semana?)

9. *When are you going to take her for dinner?*
   (Quando você vai levá-la para jantar?)

10. *When are you going to graduate?* (Quando você vai se formar?)

11. *How many people are going to be there?* (Quantas pessoas vão estar lá?)

12. *Is she going to quit college?* (Ela vai desistir da faculdade?)

13. *How often are you going to visit them?*
    (Com que frequência você vai visitá-los?)

14. *What time is the plane going to land?* (Que horas o avião vai pousar?)

15. *Are you going to take the children to the zoo on Friday?*
    (Você vai levar as crianças para o zoológico na sexta?)

16. *How much is it going to cost?* (Quanto vai custar?)

17. *Are they going to get married at St. Paul's Church?*
    (Eles vão se casar na igreja de São Paulo?)

LESSON 10

18. *When are you going to meet them?* (Quando você vai conhecê-los?)

19. *What are you going to wear for tonight's party?*
(O que você vai vestir para a festa de hoje?)

20. *Who are you going to invite to your birthday party?*
(Quem você vai convidar para sua festa de aniversário?)

21. *Are you going to leave her a message?*
(Você vai deixar uma mensagem para ela?)

22. *When are you going to post the Christmas cards?*
(Quando você vai postar os cartões de Natal?)

23. *Is your father going to lend you the money you need?*
(Seu pai vai lhe emprestar o dinheiro de que você precisa?)

24. *Are you going to hang out with your friends tonight?*
(Você vai sair com seus amigos hoje à noite?)

25. *Are they going to sue the restaurant?* (Eles vão processar o restaurante?)

26. *Is your brother really going to lose his job?*
(Seu irmão vai mesmo perder seu emprego?)

27. *Who are you going to vote for?* (Em quem você vai votar?)

28. *Who is going to feed the dogs while we're away?*
(Quem vai alimentar os cachorros enquanto estivermos fora?)

29. *Why aren't you going to go to school next Monday?*
(Porque você não vai para escola na próxima segunda?)

30. *At what time are you going to pick her up?*
(A que horas você vai buscá-la?)

Lesson 11
Future Continuous

(will you be working)

Usa-se o *Future Continuous* quando se quer expressar uma ação que ocorrerá continuamente num certo momento no futuro.

Exemplo:

*Please don't call me at 8:00, I **will be sleeping**.*
(Por favor, não me ligue às oito. Eu **estarei dormindo**.)

Para formar o *Future Continuous* precisa-se de:

will + ***be*** + *verb* + ***ing***

FORMA NEGATIVA

Frases negativas no *Future Continuous* usam o auxiliar ***will*** na negativa: ***will not***, cuja forma contraída é ***won't***.

Exemplo:

*She can go with us next Friday morning. It'll be a local holiday, so she **won't be working**.*
(Ela pode vir conosco na próxima sexta de manhã. Será um feriado local, por isso ela **não estará trabalhando**.)

LESSON 11

FORMA INTERROGATIVA

Para formar perguntas, coloque o auxiliar *will* antes do sujeito.

Exemplo:

Will *you **be using** the computer when I arrive home?*
(Você **estará usando** o computador quando eu chegar em casa?)

Seguem 10 perguntas para você treinar conversação usando *Future Continuous*:

Lembre-se: na vida real, uma resposta curta e objetiva muitas vezes é suficiente:

A) Will you be working on the 25th?
B) Yes, I will.

Ou

A) Where will you be working 10 years from now?
B) In a big bank!

Mas quando você estiver treinando conversação, quanto mais falar (na resposta), melhor. Portanto, procure dar respostas completas, e convenientes. Faça pequenos comentários. Assim você forçará o hábito de falar mais, e ganhará confiança mais rapidamente.

Exemplos:

A) Will you be working on the 25th?
B) Yes, I'll be working then. It is going to be a Saturday and I work on Saturdays.

Ou

FUTURE CONTINUOUS

A) Where will you be working 10 years from now?
B) I hope I'll be working in a big bank 10 years from now.

Como fazer o exercício:

a. Responda todas as perguntas por escrito.
b. Ouça as perguntas no áudio (faixa 21) e responda-as **lendo suas frases**. Procure interagir com a voz do áudio como se fosse com uma pessoa real.
c. **Feche o livro**, toque a mesma faixa do áudio (faixa 21) e responda as perguntas novamente. Não precisa dar exatamente as mesmas respostas que deu por escrito. **Seja espontâneo,** mas sempre tentando dar respostas completas. Lembre-se: quanto mais puder falar, melhor.
d. Com o livro fechado, ouça o áudio (faixa 22). É para praticar *listening.* Você vai ouvir as mesmas perguntas, feitas por Karen, sendo respondidas por Jim.

1. *What will you be doing tomorrow at this time?*
(O que você estará fazendo amanhã a esta hora?)

2. *Will you be having lunch with your boss every day from now on?*
(Você vai almoçar com seu chefe todos os dias de agora em diante?)

3. *Will you be using the computer tomorrow morning?*
(Você estará usando o computador amanhã de manhã?)

4. *Where will you be waiting for me?* (Onde você estará me esperando?)

5. *So you're going on vacation! Where will you be lying this time next week?*
(Então você está saindo de ferias! Onde você estará deitado a esta hora semana que vem?)

LESSON 11

6. *If I show up after 8, will I be interrupting anything?*

(Se eu aparecer depois das oito vou interromper alguma coisa?)

7. *He passed to the 8th grade. Does that mean you will be teaching him history next year?*

(Ele passou para a oitava série. Isso quer dizer que você vai lhe ensinar história no ano que vem?)

8. *When will you be celebrating your 10th anniversary?*

(Quando vocês vão comemorar seu 10° aniversário?)

9. *Will you be receiving free issues next month?*

(Você vai receber exemplares gratuitos no mês que vem?)

10. *What will you be wearing so I can find you faster?*

(O que você estará vestindo para que eu te encontre mais rápido?)

Lesson 12
Present Perfect

(have you seen)

Dentre todos os tempos verbais em inglês, o **Present Perfct** é o que mais confunde os alunos brasileiros, por três motivos. Primeiro, em razão de sua estrutura: o *Present Perfect* é formado com **have** ou **has** como auxiliares, mais um verbo no *passado particípio*. Daí muita gente, quando ouve ou lê pela primeira vez:

"They have sold the beach house"

pensa: "Eles têm vendido a casa de praia".

Traduzem o *"**have**"* como *"**têm**"* e o verbo que o segue continua no particípio.

Segundo, quando descobrem que o *Present Perfect* expressa uma ação que aconteceu (ou seja, no passado) pensam:

"Por que esse nome, então: *Present Perfect*?".

O terceiro é que, em Português, dizemos:

1. "Alberto quebrou a perna ano passado."

e

2. "Joel quebrou a perna uma vez."

Sabemos quando Alberto quebrou a perna, mas não sabemos quando Joel quebrou a sua. Mesmo assim, nas duas frases usamos o pretérito perfeito.

Em inglês, as duas frases acima ficam assim:

1. *"Alberto **broke** his leg last year." (Simple Past)*

2. *"Joel **has broken** his leg once." (Present Perfect)*

USOS DO *PRESENT PERFECT*:

a. É usado quando queremos falar sobre uma ação que aconteceu no passado sem determinar o "quando", ou porque não sabemos, ou porque não faz diferença. Quer dizer, se ocorreu hoje de manhã, ontem, semana passada, há dois meses ou há 10 anos não interessa, o que interessa é o feito, o verbo, a ação que foi concluída.

Então, se Frank diz:

*"I **have watched** Avatar three times."* (Eu **assisti** Avatar três vezes.)

Sabemos agora que ele assistiu àquele filme três vezes. Quando? Não sabemos. O que ele quis nos passar era o fato.

Se Ann diz:

*"My parents **have lived** in Japan."* (Meus pais **moraram** no Japão.)

Entenda: Ann diz isso para pessoas que a conhecem e provavelmente sabem onde seus pais moram hoje em dia (não é no Japão). Ela revela uma informação de algo que aconteceu, e não é verdade para o presente.

b. Usa-se o *Present Perfect* para falar sobre algo que tem consequências diretas com o presente.

Quando Sam convida Antonio para se sentar e comer algo junto a ele, e Antonio diz:

*"No, thanks. **I've eaten** a lot of French fries, I'm full!"*

(Não, obrigado. Eu **comi** muita batata frita, estou cheio!)

Sam, e nós, entendemos que Antonio comeu muita batata frita. No passado, é claro (tanto faz se há 15 minutos, 1 hora ou 3 horas). Por isso, no momento que é convidado, no presente, não está com fome.

Outro exemplo: Mary compra um livro. Empolgada, conta para sua amiga Bethy, que já havia lido o livro. Bethy diz:

*"Oh, **I've already read** that book. It has an amazing story, you will love it!"*

(Oh, eu **já li** esse livro. Tem uma história impressionante, você vai adorar!)

SIMPLE PAST VERSUS PRESENT PERFECT

Sendo bem objetivo, a diferença é que no *Simple Past* sabe-se quando algo foi feito. No *Present Perfect*, não. O "quando" no *Present Perfect* nunca é revelado, porque não é relevante na frase. O acontecimento é o que importa.

Compare os exemplos:

1. *Brad bought a new car last week. (Simple Past)*

(Brad comprou um carro novo semana passada.)

2. *Peter **has bought** a new car. (Present Perfect)*

(Peter **comprou** um carro novo.)

LESSON 12

3. They saw Mike at the mall on Friday. (Simple Past)

(Eles viram o Mike no shopping na sexta.)

*4. They **have spoken** to Fred about his behavior. (Present Perfect)*

(Eles **falaram** com Fred sobre seu comportamento.)

FORMA AFIRMATIVA

have + *verb (in the past participle)*
has

*I **have** finished*
*You **have** finished*
*He **has** finished*
*She **has** finished*
*It **has** finished*
*We **have** finished*
*You **have** finished*
*They **have** finished*

FORMA NEGATIVA

Para frases negativas, basta usar o auxiliar ***have*** ou ***has*** no negativo: ***haven't*** ou ***hasn't***.

Exemplos:

*1. I **haven't** read that book.* (Eu não li aquele livro.)

*2. She **hasn't** done her homework.* (Ela não fez a tarefa.)

PRESENT PERFECT

FORMA INTERROGATIVA

Para formar perguntas no *Present Perfect*, coloca-se o auxiliar *have* ou *has* antes do sujeito.

Exemplos:

Have you sent him the e-mail? (Você enviou o e-mail para ele?)

Has your sister been married? (Sua irmã foi casada?)

Advérbios usualmente utilizados com *Present Perfect*: *ever*, *already*, *never* e *yet*:

Ao usar o *Present Perfect*, sente-se a necessidade de alguns advérbios para dar ênfase ao fato. Pode acontecer nas frases negativas, afirmativas e interrogativas.

Os advérbios mais usados com o *Present Perfect* são:

Ever = já (geralmente nas perguntas)
Already = já (geralmente nas frases afirmativas)
Never = nunca (frases negativas)
Yet = ainda (em perguntas; ou em frases negativas, no sentido de "ainda não")

Exemplos:

A) *Have you ever eaten raw kibbeh?* (Você já **comeu** quibe cru?)

Yes, I've already eaten raw kibbeh. My brother-in-law is Arabic.
(Sim, eu já **comi** quibe cru. Meu cunhado é árabe.)

No, I've never eaten that. (Não, eu nunca **comi** isso.)

*No, I **haven't eaten** it yet. I'll probably try it when we go to that Lebanese restaurant.*

(Não, eu não **comi** ainda. Eu provavelmente vou experimentar quando nós formos àquele restaurante libanês.)

Seguem 30 perguntas para você treinar conversação usando o *Present Perfect*.

Lembre-se: na vida real, uma resposta curta e objetiva muitas vezes é suficiente:

A) Have you watched Spider-Man 4?
B) No, I haven't.

Ou

A) Where have you bought this pen?
B) At Bruna's.

Mas quando você estiver treinando conversação, quanto mais falar (na resposta), melhor. Portanto, procure dar respostas completas, e convenientes. Faça pequenos comentários. Assim você forçará o hábito de falar mais, e ganhará confiança mais rapidamente.

Exemplos:

A) Have you watched Spider-Man 4?
B) No, I haven't seen it yet, but I will!

Ou

A) Where have you bought this pen?
B) I've bought it at a shop called Bruna's.

PRESENT PERFECT

Como fazer o exercício:

a. Responda todas as perguntas por escrito.
b. Ouça as perguntas no áudio (faixa 23) e responda-as **lendo suas frases**. Procure interagir com a voz do áudio como se fosse com uma pessoa real.
c. **Feche o livro**, toque a mesma faixa do áudio (faixa 23) e responda as perguntas novamente. Não precisa dar exatamente as mesmas respostas que deu por escrito. **Seja espontâneo,** mas sempre tentando dar respostas completas. Lembre-se: quanto mais puder falar, melhor.
d. Com o livro fechado, ouça o áudio (faixa 24). É para praticar *listening.* Você vai ouvir as mesmas perguntas, feitas por Karen, sendo respondidas por Jim.

1. *Have you read today's newspaper?* (Você leu o jornal de hoje?)

---

2. *Have you eaten garlic?!* (Você comeu alho?!)

---

3. *Have you finished the report?* (Você terminou o relatório?)

---

4. *Have you had your hair cut?* (Você cortou o cabelo?)

---

5. *Has your boss given you that raise he has promised you?*
(Seu chefe lhe deu aquele aumento que ele prometeu?)

---

6. *The sidewalk is wet. Has it rained?* (A calçada está molhada. Choveu?)

---

7. *Has your father ever lived abroad?* (Seu pai já morou no exterior?)

---

8. *Have you ever broken your arm?* (Você já quebrou o braço?)

---

9. *Have you ever ridden a horse?* (Você já andou a cavalo?)

---

10. *Has your younger sister been married?* (Sua irmã mais nova foi casada?)

LESSON 12

11. *Have you ever skydived?* (Você já saltou de paraquedas?)

12. *Have you made up your mind?* (Você já se decidiu?)

13. *Has your neighbor invited you for his daughther's wedding?*
(Seu vizinho lhe convidou para o casamento da filha dele?)

14. *Has Will Smith ever won an Oscar?* (O Will Smith já ganhou um Oscar?)

15. *Has Brazil ever held the Olympic Games?*
(O Brasil já sediou os Jogos Olímpicos?)

16. *Where have you bought that T-shirt?* (Onde você comprou essa camiseta?)

17. *How many books has he written?* (Quantos livros ele escreveu?)

18. *Where have your parents met each other?*
(Onde seus pais se conheceram?)

19. *Has your father agreed to lend you his car?*
(O seu pai concordou em emprestar-lhe o carro?)

20. *Have you worked in a bank before?* (Você trabalhou em um banco antes?)

21. *Why haven't you read all these e-mails yet?*
(Por que você ainda não leu todos estes e-mails?)

22. *Have you had dinner? Or would you like to eat something?*
(Você já jantou?, Ou gostaria de comer algo?)

23. *Have you ever been to the USA?* (Você já esteve nos EUA?)

24. *Have you ever met a famous person?* (Você já conheceu alguém famoso?)

PRESENT PERFECT

25. *What's the most beatiful place you have ever been to?*

(Qual é o lugar mais bonito em que você já esteve?)

26. *Have you tried the new Pepsi Twist?*

(Você experimentou a nova Pepsi Twist?)

27. *Have you heard from Sarah recently?*

(Você ouviu notícias da Sarah recentemente?)

28. *Have you ever played golf?* (Você já jogou golfe?)

29. *Where have they built the new city hospital?*

(Onde eles construíram o novo hospital?)

30. *Have you painted the room yourself?*

(Você mesmo(a) pintou o quarto?)

Lesson 13
Present Perfect Continuous

(how long have you been living)

Para formar o *Present Perfect Continuous* precisa-se de:

have + **been** + *verb* + *ing*
has

Exemplo:

*I **have been living** in this city since 2001.*

(Eu moro/estou morando nesta cidade desde 2001.)

*Brian **has been arguing** with Kate a lot lately.*

(Brian está discutindo com Kate muito ultimamente.)

Os dois principais usos do *Present Perfect Continuous* são:

a. Para falar sobre uma ação que começou no passado e ainda está acontecendo no presente. Nesses casos, veem-se muitas perguntas feitas com **how long** (há quanto tempo) e respostas com **since** (desde) e **for** (há).

Exemplos:

*A) **How long** have you been working in that school?*

(Há quanto tempo você trabalha naquela escola?)

*B) I've been working there **since 2003, for seven years**.*

(Eu trabalho lá **desde 2003; há sete anos**.)

LESSON 13

A diferença entre *since* e *for* é que com **since** se dá **a data de início,** e com *for*, a *quantidade de tempo*.

Outro exemplo:

A) **How long** *has Jacqueline been teaching English?*
(Há quanto tempo Jacqueline ensina inglês?)
B) She has been teaching English **since February**.
(Ela ensina inglês desde fevereiro.)

Ou

B) She has been teaching English **for 6 months**.
(Ela ensina inglês há seis meses.)

b. O outro uso do *Present Perfect Continuous* é para falar de uma ação que começou no passado e acabou de acabar.

Exemplo:

Ben está aguardando Mary em frente ao cinema. Ela se atrasa um pouco e, quando finalmente chega, pergunta:

Mary: "I'm really sorry! **Have** *you* **been waiting** *long?"*
Ben: "I've **been waiting** *since 8:00. It's OK, don't worry."*

Ben estava fazendo a ação de **wait**. Acabou quando Mary chegou.

Outro exemplo:

Mario entra na sala de reuniões com a camisa amassada. Peter pergunta:

Peter: "Why is your shirt so wrinkled?"
Mario: "I've **been resting** *on the waiting room couch. I was very tired."*

Mario estava praticando a ação *rest* até instantes atrás.

FORMA NEGATIVA

Para se obter a forma negativa no *Present Perfect Continuous*, basta usar os auxiliares na forma negativa: **haven't** e **hasn't**.

Exemplo:

*Mary **hasn't** been studying lately. I think she'll fail the test.*

(Mary não está estudando ultimamente. Acho que ela reprovará no teste.)

FORMA INTERROGATIVA

Para formar perguntas, coloca-se o **have** ou **has** na frente do sujeito.

Exemplo:

Have *you been using my laptop?*

(Você tem usado/estava usando meu laptop?)

Seguem 30 perguntas para você treinar conversação usando *Present Perfect Continuous*.

Lembre-se: na vida real, uma resposta curta e objetiva muitas vezes é suficiente:

Exemplos:

A) Have you been checking your e-mails?
B) Yes, I have.

Ou

LESSON 13

A) How long have you been living in this house?
B) For 12 years.

Mas quando você estiver treinando conversação, quanto mais falar (na resposta), melhor. Portanto, procure dar respostas completas, e convenientes. Faça pequenos comentários. Assim você forçará o hábito de falar mais, e ganhará confiança mais rapidamente.

Exemplos:

A) Have you been checking your e-mails?
B) Yes, I've been checking them.

Ou

A) How long have you been living in this house?
B) I've been living here for 12 years.

Como fazer o exercício:

a. Responda todas as perguntas por escrito.
b. Ouça as perguntas no áudio (faixa 25) e responda-as **lendo suas frases**. Procure interagir com a voz do áudio como se fosse com uma pessoa real.
c. **Feche o livro**, toque a mesma faixa do áudio (faixa 25) e responda as perguntas novamente. Não precisa dar exatamente as mesmas respostas que deu por escrito. **Seja espontâneo**, mas sempre tentando dar respostas completas. Lembre-se: quanto mais puder falar, melhor.
d. Com o livro fechado ouça o áudio (faixa 26). É para praticar *listening*. Você vai ouvir as mesmas perguntas, feitas por Karen, sendo respondidas por Jim.

PRESENT PERFECT CONTINUOUS

1. *Have you been running?* (Você estava correndo?)

2. *Have you been lying to them?* (Você estava mentindo para eles?)

3. *Have you been sitting in the sun? Your skin looks reddish.*
   (Você esteve tomando sol? Sua pele parece avermelhada.)

4. *Why is the computer on? Have you been using it?*
   (Porque o computador está ligado? Você estava usando?)

5. *How long have you been living in the same house?*
   (Há quanto tempo você está morando na mesma casa?)

6. *How long have you been doing this lesson?*
   (Há quanto tempo você está fazendo esta lição?)

7. *How long has James been dating Karen?*
   (Há quanto tempo James namora com Karen?)

8. *How long has your brother been selling cars?*
   (Há quanto tempo seu irmão vende carros?)

9. *How long have you been studying English?*
   (Há quanto tempo você estuda/está estudando Inglês?)

10. *How long have you been saving to buy that car?*
    (Há quanto tempo você está economizando para comprar aquele carro?)

11. *How long has your sister been collecting stamps?*
    (Há quanto tempo sua irmã coleciona selos?)

12. *How long has you grandpa been smoking?*
    (Há quanto tempo seu avô fuma?)

LESSON 13

Atenção! Alguns verbos não são usados na forma *Continuous*!

13. *How long have you had that watch?*

(Há quanto tempo você tem aquele relógio?)

14. *How long has Michael been married?*

(Há quanto tempo Michael é casado?)

15. *How long have you known Mr. Francis?*

(Há quanto tempo você conhece o Sr. Francis?)

16. *How long have the kids been playing in the pool?*

(Há quanto tempo as crianças estão brincando na piscina?)

17. *How long have you been watching this soap opera?*

(Há quanto tempo você assiste esta novela?)

18. *Have you been talking to Marc about us?*

(Você tem falado com Marc sobre nós?)

19. *How long have you two been discussing this?*

(Há quanto tempo vocês dois estão discutindo isso?)

20. *How long has she been the principal?* (Há quanto tempo ela é a diretora?)

21. *Why are you covered with paint? What have you been doing?*

(Por que você está coberto de tinta? O que você estava fazendo?)

22. *How long have you been attending her classes?*

(Há quanto tempo você assiste às aulas dela?)

23. *Have you been waiting long?* (Você está esperando há muito tempo?)

24. *How long has it been raining?* (Há quanto tempo está chovendo?)

PRESENT PERFECT CONTINUOUS

25. *How long has he been sleeping?* (Há quanto tempo ele está dormindo?)

26. *You look exhausted, have you been working a lot?*

(Você parece exausto, você anda trabalhando muito?)

27. *Has she been crying? Why?* (Ela estava chorando? Por quê?)

28. *How long have you been doing this exercise?*

(Há quanto tempo você está fazendo este exercício?)

29. *How long have you had a driver's licence?*

(Há quanto tempo você tem carteira de motorista?)

30. *Has your boss been traveling a lot lately?*

(Seu chefe tem viajado muito ultimamente?)

Lesson 14
General Review 2

Esta lição é de revisão. Nela, dois tipos de exercícios são apresentados. O primeiro é igual ao das demais lições, ou seja, perguntas para serem respondidas. Primeiro por escrito e depois oralmente, interagindo com o áudio. A diferença é que estão misturadas, e não separadas por tópicos gramaticais.

No segundo exercício, a proposta é diferente. Você deverá elaborar perguntas para as respostas sugeridas. Lembre-se: na vida real, numa situação de conversação, pessoas A e B revezam entre si os papéis de "perguntador" e "respondedor". Por isso, é bom praticar os dois lados.

EXERCÍCIO 1

Como fazer o exercício:

a. Responda todas as perguntas por escrito.
b. Ouça as perguntas no áudio (faixa 27) e responda-as **lendo suas frases**. Procure interagir com a voz do áudio como se fosse com uma pessoa real.
c. **Feche o livro**, toque a mesma faixa do áudio (faixa 27) e responda as perguntas novamente. Não precisa dar exatamente as mesmas respostas que deu por escrito. **Seja espontâneo**, mas sempre tentando dar respostas completas. Lembre-se: quanto mais puder falar, melhor.
d. Com o livro fechado, ouça o áudio (faixa 28). É para praticar *listening.* Você vai ouvir as mesmas perguntas, feitas por Karen, sendo respondidas por Jim.

LESSON 14

1. *Will you be able to come with us tomorrow?*
   (Você conseguirá vir conosco amanhã?)

2. *Are you going to help him with his homework?*
   (Você vai ajudá-lo na tarefa?)

3. *Will you be studying English this time tomorrow?*
   (Você estará estudando inglês a essa hora amanhã?)

4. *Have you ever written a poem to someone?*
   (Você já escreveu um poema para alguém?)

5. *Have you been eating a hot dog or something like that? There's mustard on your shirt.*
   (Você estava comendo um cachorro quente ou algo assim? Há mostarda em sua camisa.)

6. *What will you do when you arrive there?*
   (O que você fará quando chegar lá?)

7. *When are you going to apologize to her?*
   (Quando você vai se desculpar para ela?)

8. *Are you going to complain to the manager?*
   (Você vai reclamar com o gerente?)

9. *What time will you be getting on the plane?*
   (Que horas você vai embarcar no avião?)

10. *Why have you turned down their offer?*
    (Por que você recusou a oferta deles?)

11. *How long have you been trying to get that visa?*
    (Há quanto tempo você está tentando conseguir aquele visto?)

GENERAL REVIEW 2

12. *What were you doing while he was watching the match?*

(O que você estava fazendo enquanto ele assistia à partida?)

13. *How often do you shave?* (Com que frequência você faz a barba?)

14. *Was your sister responsible for what happened?*

(Sua irmã foi responsável pelo que aconteceu?)

15. *Do you think he's lying?* (Você acha que ele está mentindo?)

16. *What are you looking for?* (O que você está procurando?)

17. *Who is the richest man in the world?*

(Quem é o homem mais rico do mundo?)

18. *Will it be a holiday next Wednesday?* (Será feriado na próxima quarta?)

19. *How long has she been breastfeeding the baby?*

(Há quanto tempo ela amamenta/está amamentando o bebê?)

20. *Are you afraid of cockroaches?* (Você tem medo de baratas?)

21. *Is she capable of doing that alone?* (Ela é capaz de fazer aquilo sozinha?)

22. *What is she famous for?* (Pelo que ela é famosa?)

23. *Why was he shouting at her?* (Por que ele estava gritando com ela?)

24. *When will you leave?* (Quando você partirá?)

25. *Who is going to take care of her plants while she's away?*

(Quem vai cuidar das plantas dela enquanto ela estiver fora?)

26. *Have you heard from Shelly?* (Você ouviu notícias de Shelly?)

LESSON 14

27. *Who are they blaming for accident?*

(Quem eles estão culpando pelo acidente?)

28. *Has he dropped out of school?* (Ele desistiu da escola?)

29. *How long have you been in Brazil?* (Há quanto tempo você está no Brasil?)

30. *Have you found your phone book yet?*

(Você já encontrou sua agenda telefônica?)

EXERCÍCIO 2

No exercício a seguir, você vai mudar de lado; quer dizer, ao invés de responder, você deverá fazer as perguntas. Afinal, numa conversação entre duas ou mais pessoas, dificilmente alguém consegue permanecer apenas como respondedor.

Observe bem a resposta. Tente imaginar em que situação ela ocorre e quem provavelmente a está fazendo. Em seguida, elabore a sua pergunta.

1. _____

_____

No, I won't. (Não, eu... [futuro])

2. _____

_____

I am going to meet them tomorrow at 5:00.

(Eu vou encontrá-los amanhã às cinco.)

3. _____

_____

I think she will be watching a movie or reading a book.

(Eu acho que ela estará assistindo um filme ou lendo um livro.)

GENERAL REVIEW 2

4. _____

No, I have never found a penny in my life!

(Não, eu nunca achei um centavo na minha vida!)

5. _____

I have been listening to it for 20 minutes.

(Eu estou escutando ele há 20 minutos.)

6. _____

They will stay at Frank's house. (Eles ficarão na casa do Frank.)

7. _____

I'm not sure, I think Meggy is going with him.

(Não tenho certeza, eu acho que a Meggy vai com ele.)

8. _____

No, I won't be working next Monday. I'll be on vacation, remember? (Não, eu não trabalharei na segunda. Estarei de férias, lembra?)

9. _____

She has offered twenty thousand for my car.

(Ela ofereceu vinte mil pelo meu carro.)

10. _____

Yes, we've been running, that's why we are exhausted.

(Sim, estávamos correndo, por isso estamos exaustos.)

Lesson 15
Used to

(did you use to)

O **used to** é utilizado quando se quer falar sobre algo que costumava acontecer, quer dizer, uma ação que era habitual no passado e não é mais no presente. Em português, equivale ao pretérito imperfeito:

1. *Eu* **morava** *no centro antes de me casar.*

2. *Ele* **viajava** *só de ônibus.*

Para se expressar em inglês, os dois exemplos acima ficam assim:

1. *I* **used to live** *downtown before I got married.*

2. *He* **used to travel** *only by bus.*

Muitas vezes, traduz-se *used to* como "costumava", o que também está correto. Então:

I **used to smoke** *a lot. I quit after we had our first son.*

pode ser traduzida assim:

Eu **costumava fumar** *muito. Parei depois que tivemos nosso primeiro filho.*

Ou assim:

*Eu **fumava** muito. Parei depois que tivemos nosso primeiro filho.*

FORMA AFIRMATIVA

Para frases afirmativas com *used to*, usa-se:

used to + *verbo* (no infinitivo)

Exemplos:

*My wife **used to drive** to work. Now she goes by train.*
(Minha esposa costumava ir ao trabalho de carro. Agora ela vai de trem.)

*They **used to work** on Sundays too.*
(Eles costumavam trabalhar nos domingos também.)

FORMA NEGATIVA

Para formar frases negativas, usa-se o auxiliar ***didn't***, que faz com que o verbo volte para a forma ***use to***.

Exemplos:

*I **didn't** use to wear a uniform at work. Now I do.*
(Eu **não** vestia uniforme no trabalho. Agora visto.)

*Paula **didn't** use to carry her cell phone around.*
(Paula **não** costumava carregar seu celular por aí.)

FORMA INTERROGATIVA

Para formar perguntas com *used to*, usa-se o auxiliar ***did*** antes do sujeito. O verbo volta para a forma ***use to***.

Exemplos:

Did *you use to play soccer every day?* (Você jogava futebol todos os dias?)

Did *he use to lie to her?* (Ele costumava mentir para ela?)

Seguem 20 perguntas para você treinar conversação usando *used to*.

Lembre-se: na vida real, uma resposta curta e objetiva muitas vezes é suficiente:

Exemplos:

A) Did you use to work in a bank?
B) Yes, I did.

Ou

A) Where did you use to have lunch back then?
B) At Marvin's.

Mas quando você estiver treinando conversação, quanto mais falar (na resposta), melhor. Portanto, procure dar respostas completas, e convenientes. Faça pequenos comentários. Assim você forçará o hábito de falar mais, e ganhará confiança mais rapidamente.

LESSON 15

Exemplos:

A) Did you use to work in a bank?
B) Yes, I used to work in a bank agency downtown.

Ou

A) Where did you use to have lunch back then?
B) We used to have lunch in that nice restaurant across from the university. It was called Marvin's.

Como fazer o exercício:

a. Responda todas as perguntas por escrito.
b. Ouça as perguntas no áudio (faixa 29) e responda-as **lendo suas frases**. Procure interagir com a voz do áudio como se fosse com uma pessoa real.
c. **Feche o livro,** toque a mesma faixa do áudio (faixa 29) e responda as perguntas novamente. Não precisa dar exatamente as mesmas respostas que deu por escrito. **Seja espontâneo,** mas sempre tentando dar respostas completas. Lembre-se: quanto mais puder falar, melhor.
d. Com o livro fechado, ouça o áudio (faixa 30). É para praticar *listening.* Você vai ouvir as mesmas perguntas, feitas por Karen, sendo respondidas por Jim.

1. *Did you use to have long hair when you were a teenager?*
    (Você costumava ter cabelos compridos quando era adolescente?)

    _____

2. *Did you use to live in that green building?*
    (Você costumava morar naquele prédio verde?)

    _____

3. *Did you use to like going to school?* (Você gostava de ir para a escola?)

    _____

4. *Did you use to see him every day?* (Você via ele todos os dias?)

    _____

USED TO

5. *Did you use to ride a motorcycle to college?*
(Você ia de moto para a faculdade?)

6. *Did you use to drink a lot of milk when you were a child?*
(Você bebia muito leite quando era criança?)

7. *Did the hospital use to be near the bus station?*
(O hospital era perto da rodoviária?)

8. *Did Simone use to play a lot with her son?*
(Simone costumava brincar muito com o filho dela?)

9. *Did Frank use to take his laptop to college every night?*
(Frank levava seu laptop para a faculdade todas as noites?)

10. *Where did you use to work before here?*
(Onde você trabalhava antes daqui?)

11. *Did you use to play any musical instruments?*
(Você costumava tocar algum instrumento musical?)

12. *How often did you use to eat out while you were living in Europe?*
(Com que frequência você costumava comer fora enquanto morava na Europa?)

13. *Did she use to cook for everybody or only for herself?*
(Ela costumava cozinhar para todos ou só para ela?)

14. *Did it use to rain a lot where you lived in Asia?*
(Chovia muito onde você morou na Ásia?)

15. *How often did he use to call you?* (Com que frequência ele te telefonava?)

16. *Did you use to have a red umbrella?*
(Você tinha um guarda-chuva vermelho?)

LESSON 15

17. *Did you use to wear glasses in high school?*

(Você usava óculos no colégio?)

_____

18. *Why did you use to get up so early on Sundays?*

(Porque você acordava tão cedo nos domingos?)

_____

19. *Where did you use to go on vacation?* (Onde vocês passavam as ferias?)

_____

20. *Did you use to watch "Friends"?* (Você assistia a *Friends*?)

_____

Lesson 16
Modal Verbs

(can, could, should, must, may…)

Seguem os verbos modais que serão praticados nessa lição, suas traduções e usos:

a. *can* poder (permissão/proibição) e saber, conseguir (capacidade/habilidade)
b. *could* poderia (permissão no presente, mais polido que **can**) e passado de *can*
c. *must* dever (obrigação/proibição/possibilidade)
d. *should* deveria (obrigação /conselho)
e. *might, may* poderá (possibilidade) e permissão no presente, mais formal que *can*
f. *would* + *verb* (*verbo* + -*ia*, futuro do pretérito)

Exemplos:

can poder (permissão /proibição)

> *Can I leave now?* (**Posso** ir embora agora?)
> *You can't smoke inside an airplane, it's forbidden!*
> (Você **não pode** fumar dentro de um avião, é proibido!)

can saber, conseguir (capacidade/habilidade)

> *Samantha can speak four languages.* (Samantha **sabe** falar quarto línguas.)
> *I can't cook anything.* (Eu **não sei** cozinhar nada.)
> *Charles can run 15 miles in less than an hour!*
> (Charles **consegue** correr quinze milhas em menos de uma hora!)

LESSON 16

could poderia (permissão no presente, mais polido que **can**)

> ***Could*** *I talk to you for a minute?*
>
> (Eu **poderia** falar com você por um minuto?)

could passado de *can*

> *She **could** read when she was only four!*
>
> (Ela **sabia** ler quando tinha só quarto anos!)
>
> *I **could** run for an hour without getting tired.*
>
> (Eu **conseguia** correr por uma hora sem ficar cansado.)
>
> *They **couldn't** do anything.* (Eles **não puderam** fazer nada.)

must obrigação

> *You **must** take off your shoes when entering a mosque.*
>
> (Você **deve** tirar seus sapatos ao entrar numa mesquita.)

must proibição

> *You **must not** litter the streets.* (Você **não deve** jogar lixo nas ruas.)

must possibilidade

> *A) "Who's that lady talking to the principal?"*
>
> (Quem é aquela senhora falando com o diretor?)
>
> *B) "She **must** be our new French teacher."*
>
> (Ela **deve** ser nossa nova professora de francês.)

should obrigação

> *Don't forget! You **should** take two pills before going to bed.*
>
> (Não se esqueça! Você **deve** tomar dois comprimidos antes de ir dormir.)

MODAL VERBS

should conselho

> *You **should** buy the smaller one, it seems easier to carry around.*
> (Você **deveria** comprar o menor, parece mais fácil de carregar por aí.)

may permissão formal

> ***May** I help you, sir?* (**Posso** ajudá-lo, senhor?)

may, might possibilidade

> *It **may** rain tonight, so it's better do it inside the house.*
> (**Poderá** chover esta noite, então é melhor fazê-lo dentro de casa.)
> *If she got the 10 o'clock train, she **might** arrive here just in time.*
> (Se ela pegou o trem das 10, **poderá** chegar aqui bem a tempo.)

would + *verb*   *verbo* + *-ia*

> *He **would like** to stay.* (Ele **gostaria** de ficar.)
> *I **would choose** the blue one.* (Eu **escolheria** o azul.)

Há três características que se deve saber sobre os verbos modais para usá-los corretamente:

a. Não há conjugação. Os verbos modais não se modificam, seja qual for o sujeito:

Exemplos:

> *They **should** go by car.* (Eles **deveriam** ir de carro.)

> *Your sister **should** study harder.* (Sua irmã **deveria** estudar mais.)

> *I **should** to that.* (Eu **deveria** fazer isso.)

b. Para as frases *negativas* e *interrogativas*, não há necessidade de auxiliares.

Na forma negativa são seguidos de ***not***:

can	*cannot* ou *can't*
could	*couldn't*
must	*must not* ou *mustn't*
should	*shouldn't*
might	*might not*
may	*may not*
would	*wouldn't*

Exemplos:

*We **might not** go on Saturday.* (Nós **poderemos não** ir no sábado.)

*She **can't** stay here tonight.* (Ela **não pode** ficar aqui esta noite.)

*His son **wouldn't** say that.* (O filho dele **não diria** aquilo.)

Na forma interrogativa, antecedem o sujeito.

Exemplos:

***Can** she drive well?* (Ela **sabe** dirigir bem?)

***Should** I call him now?* (Eu **deveria** ligar para ele agora?)

*What **must** they do now?* (O que eles **devem** fazer agora?)

c. Os verbos usados após um verbo modal sempre aparecem no infinitivo, sem *to*.

MODAL VERBS

Exemplos:

*My friends **may** arrive a little late.*

(Meus amigos **poderão** chegar um pouco atrasados.)

(Errado: My friends may to arrive a little late)

*They **should** give him the gold medal.*

(Eles **deveriam** dar a ele a medalha de ouro.)

(Errado: They should to give him)

Seguem 30 perguntas para você treinar conversação usando os *Modal Verbs.*

Lembre-se: na vida real, uma resposta curta e objetiva muitas vezes é suficiente:

A) Can you drive?
B) Yes, I can.

Ou

A) Whom should I call if I have any questions?
B) Mrs. Gordon.

Mas quando você estiver treinando conversação, quanto mais falar (na resposta), melhor. Portanto, procure dar respostas completas, e convenientes. Faça pequenos comentários. Assim você forçará o hábito de falar mais, e ganhará confiança mais rapidamente.

A) Can you drive?
B) Yes, I can drive. I've had a driver's license for seven years.

Ou

LESSON 16

A) Whom should I call if I have any questions?
B) If you have any doubts, you can call Mrs. Gordon. She will be glad to help.

Como fazer o exercício:

a. Responda todas as perguntas por escrito.
b. Ouça as perguntas no áudio (faixa 31) e responda-as **lendo suas frases**. Procure interagir com a voz do áudio como se fosse com uma pessoa real.
c. **Feche o livro,** toque a mesma faixa do áudio (faixa 31) e responda as perguntas novamente. Não precisa dar exatamente as mesmas respostas que deu por escrito. **Seja espontâneo,** mas sempre tentando dar respostas completas. Lembre-se: quanto mais puder falar, melhor.
d. Com o livro fechado, ouça o áudio (faixa 32). É para praticar *listening.* Você vai ouvir as mesmas perguntas, feitas por Karen, sendo respondidas por Jim.

1. *Can you cook?* (Você sabe cozinhar?)

   _____

2. *Shouldn't you be at work today?* (Você não deveria estar no trabalho hoje?)

   _____

3. *Can your father speak Spanish?* (Seu pai sabe falar Espanhol?)

   _____

4. *Would you like something to drink?* (Você gostaria de algo para beber?)

   _____

5. *Can you go to the library with me this afternoon?*
   (Você pode ir comigo até a biblioteca hoje à tarde?)

   _____

6. *Would you buy that car if you had 1 million?*
   (Você compraria aquele carro se tivesse um milhão?)

   _____

7. *Could you repeat her phone number, please?*
   (Você poderia repetir o número de telefone dela, por favor?)

   _____

MODAL VERBS

8. *Where must I go if I want to get a passport?*

(Onde devo ir se quiser fazer um passaporte?)

9. *When can you bring those papers we need?*

(Quando você pode trazer aqueles papeis de que precisamos?)

10. *What should I do if the baby wakes up?*

(O que eu devo fazer se o bebê acordar?)

11. *Where would you go if you didn't have to work tomorrow?*

(Aonde você iria se não tivesse que trabalhar amanhã?)

12. *Whom should I call if I have a doubt?*

(Para quem eu devo ligar se tiver alguma dúvida?)

13. *Can you ride a motorcycle?* (Você sabe pilotar uma moto?)

14. *What might happen if he doesn't arrive on time?*

(O que poderá acontecer se ele não chegar a tempo?)

15. *Can your younger sister vote?* (Sua irmã mais nova pode votar?)

16. *Could I use your pen for a minute?*

(Eu poderia usar sua caneta por um minuto?)

17. *Where can we have some Arabic food?*

(Onde podemos comer comida árabe?)

18. *What must you do if you lose your cell phone?*

(O que você deve fazer se perder seu telefone celular?)

19. *Could you swim when you were 5 years old?*

(Você sabia nadar quando tinha cinco anos?)

20. *May I sit beside you?* (Posso me sentar ao seu lado?)

LESSON 16

21. *Could you show me how to open this drawer, please?*

(Você poderia me mostrar como abrir esta gaveta, por favor?)

22. *It's getting cold, can you close that window?*

(Está ficando frio, você pode fechar aquela janela?)

23. *Excuse me, may I come in?* (Com licença, posso entrar?)

24. *Is it true that it may snow tomorrow?*

(É verdade que poderá nevar amanhã?)

25. *May I park my car here for a while?*

(Posso estacionar meu carro aqui por algum tempo?)

26. *If I have a headache, which pills should I take?*

(Se eu tiver dor de cabeça, quais comprimidos devo tomar?)

27. *Could you lend me your dictionary for the test?*

(Você poderia me emprestar seu dicionário para o teste?)

28. *Until what time could you stay up when you were a kid?*

(Até que horas você podia ficar acordado quando era criança?)

29. *The phone is ringing! It's almost midnight, who might that be?*

(O telefone está tocando! É quase meia-noite, quem poderá ser?)

30. *Would you like to study English abroad?*

(Você gostaria de estudar inglês no exterior?)

Lesson 17
Conditional Sentences

(If I were you, If you go, If you had studied)

As *Conditional Sentences*, também conhecidas como *If Clauses*, são usadas para expressar condições prováveis (tipo1), condições improváveis (tipo 2) ou condições impossíveis de se modificar (tipo 3), por que aconteceram (ou deixaram de acontecer) no passado.

TIPO 1

O tipo 1 é usado para expressar condições e resultados prováveis de acontecer, no presente ou no futuro.

Para formar o *Conditional type 1* precisa-se de:

If + **verb** *(simple present)* + **will** + **verb** *(simple form)*

Exemplos:

*If you **study** hard, you **will pass** the test.*
(Se você estudar bastante, passará no teste.)

*If she **takes** the plane tonight, she **will arrive** there tomorrow before noon.* (Se ela pegar o avião esta noite, chegará lá amanhã antes do meio dia.)

É possível inverter a ordem das frases, eliminando a vírgula.

Exemplo:

*She **will arrive** tomorrow before noon **if** she **takes** the plane tonight.*

TIPO 2

O tipo 2 é utilizado para expressar condições pouco prováveis de acontecer. Costumam ser situações irreais, apenas suposições.

Para formar o *Conditional type 2* precisa-se de:

If + ***verb*** *(simple past)* + ***would*** + ***verb*** *(simple form)*

Exemplos:

If *I **won** 1 million dollars, I **would quit** my job.* (Se eu ganhasse um milhão de dólares, desistiria do meu emprego.)

If *he **worked** as a waiter, he **would get** more tips.* (Se ele trabalhasse como garçom, ganharia mais gorjetas.)

O *Conditional type 2* é muito usado na seguinte situação:

If *I **were** you...* (Se eu fosse você...)

Perceba que o verbo *to be* no passado, mesmo com *I*, é ***were***. Isso acontece nas ***Conditional Sentences*** com todos os pronomes, inclusive *he, she* e *it*.

Exemplos:

If *he **were** my friend, I would tell him the truth.*
(Se ele fosse meu amigo, eu lhe contaria a verdade.)

É possível inverter a ordem das frases, eliminando a vírgula.

Exemplo:

*We **would visit** them every week **if** they **lived** in our neighborhood.*

TIPO 3

O tipo 3 é utilizado para expressar condições e resultados impossíveis de mudarem agora, no presente. Já aconteceram ou deixaram de acontecer no passado.

Para formar o *Conditional type 3* precisa-se de:

If + **had** + **verb** *(past participle)* +
would have + **verb** *(past participle)*

Exemplos:

***If** you **had arrived** at 7:00, you **would have seen** her.*
(Se você tivesse chegado às sete, teria visto ela.)

***If** I **had told** her the truth before, she **wouldn't have gotten** so mad.*
(Se eu tivesse lhe contado a verdade antes, ela não teria ficado tão brava.)

É possível inverter a ordem das frases, eliminando a vírgula.

Exemplo:

*She **would have had** a great time if **she had gone** with them.*

Seguem 20 perguntas para você treinar conversação usando *Conditionals*.

Lembre-se: na vida real, uma resposta curta e objetiva muitas vezes é suficiente:

LESSON 17

A) What will you do tomorrow if you don't have to go to work?
B) I will go fishing.

Mas quando você estiver treinando conversação, quanto mais falar (na resposta), melhor. Portanto, procure dar respostas completas, e convenientes. Faça pequenos comentários. Assim você forçará o hábito de falar mais, e ganhará confiança mais rapidamente.

A) What will you do tomorrow if you don't have to go to work?
B) If I don't have to go to work tomorrow, I will go fishing.

Como fazer o exercício:

a. Responda todas as perguntas por escrito.
b. Ouça as perguntas no áudio (faixa 33) e responda-as **lendo suas frases**. Procure interagir com a voz do áudio como se fosse com uma pessoa real.
c. **Feche o livro**, toque a mesma faixa do áudio (faixa 33) e responda as perguntas novamente. Não precisa dar exatamente as mesmas respostas que deu por escrito. **Seja espontâneo**, mas sempre tentando dar respostas completas. Lembre-se: quanto mais puder falar, melhor.
d. Com o livro fechado, ouça o áudio (faixa 34). É para praticar *listening*. Você vai ouvir as mesmas perguntas, feitas por Karen, sendo respondidas por Jim.

1. *What will you buy her if she invites you to her birthday party?*
   (O que você lhe comprará se ela te convidar para o aniversário dela?)

   _____

2. *What would you do if you didn't have to work tomorrow?*
   (O que você faria se não tivesse que trabalhar amanhã?)

   _____

3. *What should I give the baby if he has a fever?*
   (O que devo dar ao bebê se ele tiver febre?)

   _____

CONDITIONAL SENTENCES

4. *Would you have told me if I hadn't found out the truth myself?*

(Você teria me contado se eu não tivesse descoberto a verdade sozinho?)

5. *If I buy you lunch, will you go with me?*

(Se eu te pagar o almoço você irá comigo?)

6. *Where would you live if you were a millionaire?*

(Onde você moraria se fosse um milionário?)

7. *Would you call him if you were me?*

(Você ligaria para ele se você fosse eu?)

8. *How many T-shirts will you buy if they are 50% off?*

(Quantas camisetas você comprará se elas estiverem com 50% de desconto?)

9. *Will he loose his job if they know what happened?*

(Ele perderá o emprego se eles souberem o que aconteceu?)

10. *If Jim shows up, will you tell him I'm in the cafeteria? I need to talk to him.*

(Se o Jim aparecer, você pode dizer a ele que estou no refeitório? Preciso conversar com ele.)

11. *What would you give your boss if he invited you to his wedding?*

(O que você daria a seu chefe se ele te convidasse para seu casamento?)

12. *Would you have accepted their offer if you had known the job was that challenging?*

(Você teria aceitado a oferta deles se soubesse que o emprego era tão desafiador?)

13. *Will you be able to keep visiting him as usual, if he moves downtown?*

(Você vai poder continuar a visitá-lo como de costume se ele mudar para o centro?)

LESSON 17

14. *If you see Ann there, will you please ask her for Mark's phone number?*

(Se você vir Ann lá, você pode por favor pedir a ela o telefone do Mark?)

15. *What three wishes would you make if you found a magic lamp?*

(Que três desejos você faria se encontrasse uma lâmpada mágica?)

16. *Would you be happier if you lived in a bigger city?*

(Você estaria mais feliz se morasse numa cidade maior?)

17. *Where will you have lunch if that restaurant is closed?*

(Onde vocês almoçarão se aquele restaurante estiver fechado?)

18. *What will your parents say when they find out?*

(O que seus pais dirão quando descobrirem?)

19. *If we ask her, will she lend us the money?*

(Se nós pedirmos, ela nos emprestará o dinheiro?)

20. *What language would you have learned if you hadn't learned English?* (Que língua você teria aprendido se não tivesse aprendido Inglês?)

Lesson 18
Question Tags

(you sell cars, don't you?)

As *Question Tags* são pequenas perguntas colocadas no final de orações para confirmar o que foi dito.

Exemplo:

*She is pregnant, **isn't she?*** (Ela está grávida, **não está**?)

As *Question Tags* também são usadas para verificar se o interlocutor está ou não de acordo com o que é dito.

Exemplos:

*A) That restaurant is the best in town, **isn't it**?*
B) Yes, it is. That's why it's my favorite.

Para formar corretamente as *Question Tags*, devem-se seguir duas regras:

a. As *Question Tags* são sempre o oposto da oração principal. Quer dizer, se a oração principal for positiva, a *Question Tag* será negativa, e vice-versa:

*She is nice, **isn't she**?*

*She isn't sick, **is she**?*

b. As *Question Tags* são formadas por verbos auxiliares, *to be* ou verbos modais, sempre compatíveis com a oração principal. Se a oração principal estiver no *simple past,* a *Question Tag* será formada com o auxiliar *did* (afirmativo ou negativo). Se a oração principal tiver *can,* então a *Tag* também terá, e assim por diante.

Exemplos:

*She **brought** the box last night, **didn't she**?*

*They **can** help us, **can't they**?*

*You **aren't** watching this, **are you**?*

Importante: mesmo que haja nomes ou substantivos na oração principal, as *Question Tags* são feitas com pronomes.

Exemplos:

***Beto** has been married once, hasn't **he**?*

***The children** are starving, aren't **they**?*

Seguem 30 perguntas para você treinar conversação usando *Question Tags.*

Lembre-se: na vida real, uma resposta curta e objetiva muitas vezes é suficiente:

A) You have studied French, haven't you?
B) Yes.

Mas quando você estiver treinando conversação, quanto mais falar (na resposta), melhor. Portanto, procure dar respostas completas, e convenientes. Faça pequenos comentários. Assim

QUESTION TAGS

você forçará o hábito de falar mais, e ganhará confiança mais rapidamente.

A) You have studied French, haven't you?
B) Yes, I have. I've studied it for 6 years.

Como fazer o exercício:

a. Responda todas as perguntas por escrito.
b. Ouça as perguntas no áudio (faixa 35) e responda-as **lendo suas frases**. Procure interagir com a voz do áudio como se fosse com uma pessoa real.
c. **Feche o livro**, toque a mesma faixa do áudio (faixa 35) e responda as perguntas novamente. Não precisa dar exatamente as mesmas respostas que deu por escrito. **Seja espontâneo**, mas sempre tentando dar respostas completas. Lembre-se: quanto mais puder falar, melhor.
d. Com o livro fechado, ouça o áudio (faixa 36). É para praticar *listening.* Você vai ouvir as mesmas perguntas, feitas por Karen, sendo respondidas por Jim.

1. *Your job is really interesting, isn't it?*
   (Seu emprego é interessante mesmo, não é?)

2. *You have an older sister, don't you?*
   (Você tem uma irmã mais velha, não tem?)

3. *It wasn't your birthday yesterday, was it?*
   (Não foi seu aniversário ontem, foi?)

4. *Your parents visited you last week, didn't they?*
   (Seus pais te visitaram semana passada, não visitaram?)

5. *You'll travel in December, won't you?*
   (Você viajará em dezembro, não é?)

LESSON 18

6. *You haven't sent the e-mail yet, have you?*

(Você não enviou o e-mail ainda, enviou?)

7. *Your boss can't speak English well, can he?*

(Seu chefe não sabe falar inglês bem, sabe?)

8. *Your house is the second one on the left, isn't it?*

(Sua casa é a segunda no lado esquerdo, não é?)

9. *You have to wear a uniform at work, don't you?*

(Você tem que vestir um uniforme no trabalho, não tem?)

10. *There is someone in the toilet, isn't there?*

(Há alguém no banheiro, não há?)

11. *You didn't like that movie, did you?*

(Você não gostou daquele filme, gostou?)

Atenção! Com *"I am..."* o Question Tag pode ser *"am I not?"* ou *"aren't I?"*.

12. *I am younger than you, aren't I?*

(Eu sou mais novo que você, não sou?)

Atenção! Orações com advérbios negativos como *"never"* e *"hardly"* exigem um *Question Tag* afirmativo.

13. *You have never been on a cruise, have you?*

(Você nunca esteve num cruzeiro, esteve?)

14. *Your sister may arrive tonight, may she not?*

(Sua irmã poderá chegar esta noite, não é?)

QUESTION TAGS

15. *There was nobody in the office, was there?*
(Não havia ninguém no escritório, havia?)

16. *You must take two pills before you go to bed, mustn't you?*
(Você deve tomar dois comprimidos antes de dormir, não deve?)

17. *The manager wants to talk to us, doesn't he?*
(O gerente quer falar conosco, não quer?)

18. *You would like to stay a little longer, wouldn't you?*
(Você gostaria de ficar um pouco mais, não gostaria?)

19. *You didn't have to get up early today, did you?*
(Você não teve que levantar cedo hoje, teve?)

20. *Your brother had lived in London before, hadn't he?*
(Teu irmão tinha morado em Londres antes, não tinha?)

21. *It won't be closed on Sunday, will it?*
(Não estará fechado no domingo, estará?)

22. *Spanish is more difficult than English, isn't it?*
(Espanhol é mais difícil que Inglês, não é?)

Atenção! Com *"Let's..."* a Question Tag é sempre *"shall we?"*.

23. *Let's go out tonight, shall we?* (Vamos sair hoje à noite, vamos?)

Atenção! Quando o sujeito da oração principal for um pronome indefinido *(somebody, nobody,...)* o *Question Tag* é feito com *"they"*. Como *"nobody"* é negativo, o *Question Tag* é afirmativo.

LESSON 18

24. *Nobody has called me while I was away, have they?*

(Ninguém ligou enquanto estive fora, ligou?)

25. *I am not being selfish, am I?* (Eu não estou sendo egoísta, estou?)

26. *Your neighbor doesn't have kids, does he?*

(Seu vizinho não tem filhos, tem?)

27. *You will complain to the manager, won't you?*

(Você vai reclamar com o gerente, não vai?)

28. *There were more than a hundred people in the meeting, weren't there?* (Havia mais de cem pessoas na reunião, não havia?)

29. *You enjoyed answering these questions, didn't you?*

(Você gostou de responder estas perguntas, não gostou?)

30. *This exercise was easy, wasn't it?*

(Este exercício estava fácil, não estava?)

(had you gone)

O *Past Perfect* equivale ao pretérito mais-que-perfeito em português. É usado para expressar uma ação que aconteceu antes de outra ação no passado.

Exemplo:

*The movie **had begun** when we arrived.*
(O filme **tinha começado** quando nós chegamos.)

*Becky **had left** just before you called.*
(Becky **tinha saído** logo antes de você ligar)

FORMA AFIRMATIVA

Para formar uma frase afirmativa com o *Past Perfect*, precisa-se de:

had + *verb (past participle)*

Exemplo:

*By the time we got home they **had eaten** all the pizza.*
(Quando chegamos em casa, eles **tinham comido** toda a pizza)

FORMA NEGATIVA

Para obter frases negativas, basta negar o auxiliar *had*.

hadn't + *verb (past participle)*

Exemplos:

*She **hadn't finished** when he left at 9:00.*
(Ela não tinha terminado quando ele partiu às nove.)

*I had a headache because I **hadn't drunk** enough water during the day.* (Eu tive dor de cabeça porque não tinha bebido água o suficiente durante o dia)

FORMA INTERROGATIVA

Para elaborar perguntas com o *Past Perfect*, coloca-se o auxiliar *had* antes do sujeito.

Exemplos:

***Had** they traveled by plane before that day?*
(Eles tinham viajado de avião antes daquele dia?)

*What **had** you told him before he left?*
(O que você tinha dito a ele antes que ele partisse?)

Seguem 10 perguntas para você treinar conversação usando *Past Perfect*.

Lembre-se: na vida real, uma resposta curta e objetiva muitas vezes é suficiente:

A) Where had your worked before here?
B) In a bank.

PAST PERFECT

Mas quando você estiver treinando conversação, quanto mais falar (na resposta), melhor. Portanto, procure dar respostas completas, e convenientes. Faça pequenos comentários. Assim você forçará o hábito de falar mais, e ganhará confiança mais rapidamente.

A) Where had you worked before here?
B) I had worked in a bank before I started here in 2007.

Como fazer o exercício:

a. Responda todas as perguntas por escrito.
b. Ouça as perguntas no áudio (faixa 37) e responda-as **lendo suas frases**. Procure interagir com a voz do áudio como se fosse com uma pessoa real.
c. **Feche o livro**, toque a mesma faixa do áudio (faixa 37) e responda as perguntas novamente. Não precisa dar exatamente as mesmas respostas que deu por escrito. **Seja espontâneo**, mas sempre tentando dar respostas completas. Lembre-se: quanto mais puder falar, melhor.
d. Com o livro fechado, ouça o áudio (faixa 38). É para praticar *listening.* Você vai ouvir as mesmas perguntas, feitas por Karen, sendo respondidas por Jim

1. *Where had you lived before you got married?*
   (Onde você tinha morado antes de se casar?)

   _____

2. *Had you called him before the meeting?*
   (Você tinha ligado para ele antes da reunião?)

   _____

3. *Had the movie begun when you got there?*
   (O filme tinha começado quando vocês chegaram lá?)

   _____

4. *Had you eaten anything before the test?*
   (Você tinha comido alguma coisa antes da prova?)

   _____

LESSON 19

5. *Had your friends told you about the surprise party?*

(Seus amigos tinham contado para você sobre a festa surpresa?)

6. *Had you met her parents before that day?*

(Você já conhecia os pais dela antes daquele dia?)

7. *How many times had you called him until he finally answered the phone?* (Quantas vezes você tinha ligado até que ele finalmente atendeu?)

8. *Had you seen that movie before?* (Você tinha visto aquele filme antes?)

9. *You didn't laugh! Had you heard this joke before?*

(Você não riu! Você tinha ouvido essa piada antes?)

10. *Where had you worked before?* (Onde você tinha trabalhado antes?)

Lesson 20
General Review 3

Esta lição é de revisão. Nela, dois tipos de exercícios são apresentados. O primeiro é igual ao das demais lições, ou seja, perguntas para serem respondidas. Primeiro por escrito e depois oralmente, interagindo com o áudio. A diferença é que estão misturadas, e não separadas por tópicos gramaticais.

No segundo exercício, a proposta é diferente. Você deverá elaborar perguntas para as respostas sugeridas. Lembre-se: na vida real, numa situação de conversação, pessoas A e B revezam entre si os papéis de "perguntador" e "respondedor". Por isso, é bom praticar os dois lados.

EXERCÍCIO 1

Como fazer o exercício:

a. Responda todas as perguntas por escrito.
b. Ouça as perguntas no áudio (faixa 39) e responda-as **lendo suas frases**. Procure interagir com a voz do áudio como se fosse com uma pessoa real.
c. **Feche o livro**, toque a mesma faixa do áudio (faixa 39) e responda as perguntas novamente. Não precisa dar exatamente as mesmas respostas que deu por escrito. **Seja espontâneo**, mas sempre tentando dar respostas completas. Lembre-se: quanto mais puder falar, melhor.
d. Com o livro fechado, ouça o áudio (faixa 40). É para praticar

LESSON 20

listening. Você vai ouvir as mesmas perguntas, feitas por Karen, sendo respondidas por Jim.

1. *Did you use to walk to work?* (Você costumava caminhar até o trabalho?)

2. *Which countries had he been to before he died?*
(Em quais países ele esteve antes de morrer?)

3. *Who do you think might help us?* (Quem você acha que poderá nos ajudar?)

4. *If I decide to go to the movies tonight, will you go with me?*
(Se eu decidir ir ao cinema hoje à noite, você irá comigo?)

5. *We have met before, haven't we?* (Nós já nos encontramos, não é?)

6. *Did your father use to take you fishing?*
(Seu pai costumava levar você pescar?)

7. *I've lost my credit card, what should I do?*
(Perdi meu cartão de crédito, o que devo fazer?)

8. *The trip will take at least 5 hours, won't it?*
(A viagem levará pelo menos 5 horas, não levará?)

9. *Had you read the book when you watched the movie?*
(Você tinha lido o livro quando assistiu ao filme?)

10. *Did you use to collect anything when you were a kid?*
(Você costumava colecionar alguma coisa quando era criança?)

11. *Did your father use to smoke?* (Seu pai fumava?)

12. *What time must we get there if we want to get good seats?*
(Que horas devemos chegar lá se quisermos pegar bons assentos?)

GENERAL REVIEW 3

13. *Who would you vote for president if you were American?*

(Em quem você votaria para presidente se você fosse americano?)

14. *What would you have eaten if you hadn't found those cereal bars there?* (O que você teria comido se não tivesse achado aquelas barras de cereal?)

15. *They are going to have dinner with us, aren't they?*

(Eles vão jantar conosco, não vão?)

16. *You don't look well, had you had anything before you left home this morning?*

(Você não parece bem, você comeu algo antes de sair de casa hoje de manhã?)

17. *Did you use to live in that house beside the bakery?*

(Você morava naquela casa ao lado da padaria?)

18. *You can type fast, can't you?* (Você sabe digitar rápido, não sabe?)

19. *If she asked you out, would you say yes?*

(Se ela te convidasse para sair, você diria sim?)

20. *You enjoyed doing these exercises, didn't you?*

(Você gostou de fazer esses exercícios, não gostou?)

EXERCÍCIO 2

No exercício a seguir, você vai mudar de lado; quer dizer, ao invés de responder, você deverá fazer as perguntas. Afinal, numa conversação entre duas ou mais pessoas, dificilmente alguém consegue permanecer apenas como respondedor.

Observe bem a resposta. Tente imaginar em que situação ela ocorre e quem provavelmente a está fazendo. Em seguida, elabore a sua pergunta.

LESSON 20

1. _____

Yes, I used to have a small red car.
(Sim, eu tinha um carro pequeno vermelho)

2. _____

No, I can't. (Não, não sei fazer/posso)

3. _____

If I had more free time, I would read more.
(Se eu tivesse mais tempo livre, leria mais)

4. _____

No, I didn't. (Não eu não... [passado])

5. _____

I had turned it off before I went to bed.
(Eu tinha desligado ele antes de ir dormir.)

6. _____

No, I didn't use to go there. (Não, eu não costumava ir lá)

7. _____

Maybe you should call the janitor.
(Talvez você devesse chamar/ligar para o zelador.)

8. _____

No, we didn't use to. (Não, nós não costumávamos.)

9. _____

Don't worry, If I see him, I'll give him the message.
(Não se preocupe, se eu o vir, darei a ele o recado.)

10. _____

You can count on me! (Você pode contar comigo!)

Tapescript

(respostas sugestões)

LESSON 1

1. *Are you hungry now?*
   No, I'm not, I've just eaten something.
2. *Are you tired?*
   Yes, I am. Actually, I'm exhausted.
3. *Are you sleepy?*
   No, I'm not, I'm just a little tired.
4. *Are you ok?*
   Yes, I am. Thank you.
5. *Are you married?*
   No, I'm not. I'm single.
6. *Are you thirsty?*
   Yes I am. Let's drink something.
7. *Are you worried about your job?*
   Yes I am. Things are not going so well.
8. *Are you happy today?*
   Yes, I'm very happy.
9. *Are you interested in cars?*
   No, I'm not, but my brother is.
10. *Is your house big?*
    Well, it's not small. I think it's big enough.
11. *Is your job interesting?*
    Yes, it is. I like it very much.
12. *Is your neighborhood safe?*
    Yes, it is still safe.
13. *Is your father taller than you?*
    No, he's not. I'm much taller.
14. *Is this exercise difficult?*
    No, it isn't. It's kind of easy.

SOLTE A LÍNGUA EM INGLÊS

15. *Is it sunny today?*
    Yes, it is. It's a beautiful day.
16. *Am I older than you?*
    No, you aren't. I'm two years older.
17. *Am I a good teacher?*
    Yes, you are a great teacher.
18. *Am I your best friend?*
    Of course you are, and you will always be.
19. *Am I wrong?*
    I'm afraid you are, sorry.
20. *When is your birthday?*
    It's on May 2nd, when is yours?
21. *Where is the nearest drugstore?*
    I think there is one just around the corner.
22. *How old are you?*
    I am 29 years old.
23. *Who is your favorite singer?*
    My favorite singer is Elton John.
24. *What is your sign?*
    It is Taurus. What's yours?
25. *Which one is yours?*
    Mine is the blue one.
26. *How often are you at home on Saturday nights?*
    I'm usually at home on Saturday nights.
27. *How much is it?*
    It is 29.99, but if you pay cash, you'll get 20% off.
28. *Whose purse is that?*
    I'm not sure. I think it's Jessica's.
29. *Why are you mad today?*
    I'm mad because I just got fired.
30. *How is your mother?*
    She is better now, thank you for asking.

LESSON 2

1. *Were you at work yesterday?*
   Yes, I was. All day long.

TAPESCRIPT

2. *Were you cold this morning?*
   No, I wasn't. I was wearing a pullover.
3. *Were you a good student at school?*
   Yes, I was a good student, especially in Science.
4. *Were you sick last weekend?*
   Yes, I was. I had a cold.
5. *Were you in the USA in 2005?*
   No, I wasn't. I was in England in 2005.
6. *Were you there when it happened?*
   Yes, I was. I saw everything.
7. *Were you engaged to her?*
   Yes, I was, but we broke up last year.
8. *Was it hot last night?*
   Yes, it was. I had to turn on the air conditioner.
9. *Was your mother a teacher back then?*
   Yes, she was. Actually, she still is!
10. *Was the movie good?*
    No, it wasn't. It was awful.
11. *Was your birthday last month?*
    No, It wasn't. Mine was the month before.
12. *Was it a tough test?*
    Yes, it was. It took me 2 hours to finish it.
13. *Was your hair fairer when you were a child?*
    Yes, It was. It got darker after I was seven or eight.
14. *Was your last job boring?*
    No, it wasn't. It was fine.
15. *Was São Paulo the capital of Brazil?*
    No, it wasn't. Rio was the capital of Brazil.
16. *How was your day today?*
    It was just great, how about you?
17. *Who was that man with you at the mall?*
    When? This morning? Oh, that was Mike, my boss.
18. *Where were your born?*
    I was born in Puerto Iguazu, a small town in Argentina.
19. *How was the weather during your stay?*
    It wasn't so bad, we had some sunny days.

SOLTE A LÍNGUA EM INGLÊS

20. *How many people were there?*
    There were about 25, 26 people.
21. *What was on TV?*
    That new movie starring Mel Gibson.
22. *How old were you when you got your first job?*
    I was 18 when I got my first job in a café.
23. *Why weren't you at her party?*
    I wasn't feeling well, so I went to bed earlier.
24. *Who was the first president of The United States?*
    Oh that's easy, George Washington was the first American president.
25. *What time was it?*
    I'm not sure, I think it was half past ten.
26. *Whose car was that?*
    That was Sam's new car.
27. *Was it expensive?*
    Yes, it was, more than you think.
28. *Were you right about the robbery?*
    No, I wasn't. Fortunately, they've already arrested the burglar.
29. *What was the name of your first English teacher?*
    It was a man, his name was Mr. Schnider.
30. *Was it worth it?*
    Yes, it was. Every penny!

LESSON 3

1. *Will you be here tomorrow morning?*
   Yes, I will. I'll be here at 8.
2. *Will you be too tired to go with us?*
   No, I won't. It'll be fun!
3. *Will it be rainy tomorrow too?*
   Well, it's what they said in the forecast.
4. *Will the wedding be on Saturday or Sunday?*
   It will be on Sunday, I checked with Jim.
5. *Will you be good at English by the end of this year?*
   Yes, I will. At least I hope so.
6. *Will it be a big project?*
   No, it won't. Only a few people will participate.

TAPESCRIPT

7. *Will you be in bed at 10:00 or can I call you?*
Sure you can, I won't be sleeping.
8. *Will you be comfortable here?*
Yes, I will, thank you. It's better than I expected.
9. *Will they be in Canada for the holidays?*
They don't know yet, but it will be either in Canada or in the USA.
10. *Will there be a band?*
Yes, there will be one all night long.
11. *Do you think the queue will be too long?*
I think it will. It's better to wait till 3 o'clock.
12. *Do you think she will be mad at us?*
I don't think so. She'll understand.
13. *Will the cab be waiting in front of the airport?*
Yes, it will be there, I've already arranged that.
14. *Will it be the first time you travel abroad?*
No, it won't. I've already been in Europe.
15. *Will she be as famous as Madonna?*
I guess she will, she's really good.
16. *Will he be taller than his father?*
He probably will. I mean, he's still 13.
17. *Will English be spoken in every country of the world in the next century?*
I don't know, but it's what everybody is saying.
18. *Will the library be closed tomorrow?*
No, they won't. They'll be open till noon.
19. *Will the tickets be cheaper than the last time?*
I guess they will because it's their last week.
20. *Will the movie be as good as the book? What do you think?*
It probably will. They'll have James Cameron as the director of the movie.

LESSON 4

1. *Do you have a pet?*
Yes, I do. Actually, I have two: a cat and a bird.
2. *Do you drink a lot of coffee?*
No, I don't. I like it, but I avoid drinking more than two cups a day.

133

SOLTE A LÍNGUA EM INGLÊS

3. *Do you play any musical instruments?*
   Yes, I do. I play the piano.
4. *Do you live alone?*
   Now I do, but I used to have two roommates.
5. *Do you get up early?*
   Yes, I do. I get up before 8 every day.
6. *Do you read the newspaper every day?*
   No, I don't. Some days I'm too busy.
7. *Do you frequently send e-mails?*
   Yes, I do. About 10 a day.
8. *Do you see your parents every week?*
   No, I don't. I visit them once or twice a month.
9. *Do you do yoga?*
   No, I don't. What about you?
10. *Do you go to bed late on Saturdays?*
    Sometimes I do, when I got out with friends or watch a movie at home.
11. *Does it rain a lot where you live?*
    Yes, it does. Especially in winter.
12. *Does your boss talk to you every day?*
    Yes, she does. She likes to listen to our points of view.
13. *Does your best friend usually call you?*
    Well, whenever he can. Once or twice a week.
14. *Does the president speak English?*
    No, he doesn't. He speaks only Portuguese.
15. *Does the supermarket near your house open on Sundays?*
    Yes, it does. It opens from 8 am to 6 pm.
16. *Where do you usually go on Sunday afternoons?*
    We usually go to an ice-cream parlor or a nice coffee shop.
17. *How often do you buy clothes?*
    I buy clothes about three or four times a year.
18. *Why does your friend leave work earlier than you?*
    Because he starts earlier, around 7.
19. *What do you like to watch on TV?*
    I really enjoy watching TV series. Ah! And the news.

TAPESCRIPT

20. *Which shirt does he prefer wearing?*
He often wears that blue one. It's his favorite.
21. *Why do you want to speak English fluently?*
Because I want to work abroad.
22. *How many cousins do you have?*
I'm not sure. You see, I have 9 uncles and aunts!
23. *How long does it take by bus?*
It takes about 10 minutes only.
24. *When do you usually read your e-mails?*
I always do it at night, after dinner.
25. *How does he come to work?*
He comes by subway.
26. *How much water do you drink per day?*
I drink five or six glasses per day.
27. *Where do you park your car when you go downtown?*
First I try to park it on the main street. When I can't, I leave it in a parking lot.
28. *Which TV news do you prefer watching?*
I have two or three favorites: channels 6, 9 and 20.
29. *How often does your mother call you?*
She calls me once a week, usually on Sundays.
30. *Who does your brother work for?*
He works for an airline company.

LESSON 5

1. *Are you living alone?*
No, I'm not. I'm living with my uncle.
2. *Are you working with your dad?*
Yes, I am. He's teaching me a lot about the business.
3. *Are you reading Dan Braun's new book?*
No, I'm not. I haven't bought the book yet.
4. *Are you working out? You look great!*
Yes, I am. Three times a week.
5. *Are you watching channel 21?*
No, I'm not. What's on?

SOLTE A LÍNGUA EM INGLÊS

6. *Are you looking for the car key?*
    Yes, I am. Could you help me?
7. *Is your mother waiting in the car?*
    Yes, she is, but it's ok. She's reading a magazine.
8. *Is the teacher talking to Marcos?*
    No, he isn't. He's talking to Amir.
9. *Is it raining now?*
    No, it's not. Shall we go now?
10. *Is that man waving to us?*
    Yes, he is. It's Mr. Moore, our French teacher. Do you remember him?
11. *What are you eating?*
    I'm having a tuna sandwich.
12. *Which movie are you watching?*
    We're watching Mad Max. It's a classic.
13. *Who is sitting beside you at college?*
    Rafael is sitting beside me, do you know him?
14. *Why are you shivering?*
    Because I got wet and now I'm freezing.
15. *Where is your son studying?*
    He is studying in Germany.
16. *Why are you laughing?*
    Because it was the funniest thing I've ever heard!
17. *What is he writing about?*
    I think he's writing about global warming.
18. *Are you wearing your brother's new jacket?*
    No, I'm not. This one is mine, his is navy blue.
19. *What are you taking for your headaches?*
    I'm taking Tylenol every six hours.
20. *Are you enjoying the party?*
    Yes, I am, a lot! How about you?
21. *Is Alice staying at your house?*
    Yes, she is, just for a couple of weeks.
22. *Where are you keeping the money you're earning?*
    I'm keeping it in the bank, where else?!

TAPESCRIPT

23. *What are you thinking about?*
    I'm thinking about what he said to us.
24. *Where are they broadcasting from?*
    They are broadcasting from Mexico City.
25. *What are you guys talking about?*
    We're discussing how we are going to raise money for our graduation party.
26. *What are you doing exactly at this moment?*
    I am folding the T-shirts I've just ironed.
27. *What are you drawing?*
    I'm drawing the house we saw on the beach that day.
28. *What are you carrying in those bags?*
    I'm taking the magazines we're going to use in our research.
29. *What is your wife preparing for dinner?*
    She's cooking an Italian dish she learned from her grandma.
30. *Am I bothering you?*
    No, you're not! Please keep on, what happened then?

LESSON 6

1. *Were you sleeping when I called you?*
   No, I wasn't. I was preparing something in the kitchen.
2. *Were you working last Friday night?*
   Yes, I was working. My day off was on Thursday.
3. *Were you using my cell phone?*
   No, I wasn't.
4. *Was your neighbor bothering you this morning?*
   Yes, he was. Imagine! He was hammering something on the floor, at 6 am!!
5. *Was it snowing when you arrived there?*
   Yes, it was snowing. It was beautiful.
6. *Who was helping you?*
   Nobody was helping me.
7. *What were you doing when they entered the room?*
   When they came in I was finishing writing the article.
8. *Why weren't you wearing your uniform?*
   I wasn't wearing it because I thought I didn't need to.

SOLTE A LÍNGUA EM INGLÊS

9. *Who was that girl sitting in front of you?*
    That was Micheli. She was sitting in front of me.
10. *What were you buying at the drugstore?*
    I was buying some shaving cream and shampoo.
11. *Who was singing at the party?*
    Kelly and her band were singing there.
12. *What was going on there?*
    I think Peter was complaining to the manager.
13. *What were they complaining about?*
    They were saying how unhappy they were about their bedroom.
14. *Why was he shouting at you?*
    He was not shouting at me, he was just kidding.
15. *Were you driving too fast?*
    No, I wasn't. I was going less than 60 an hour.
16. *Were they losing when you started watching the game?*
    Yes, they were, but at the end they won.
17. *What were you doing while the teacher was absent?*
    While he was not there, we were playing cards!
18. *Why was she crying?*
    She was crying because he left.
19. *You were agitated last night, what were you dreaming about?*
    I was dreaming that I was flying. Unbelievable huh?!
20. *Were they telling the truth?*
    I don't think so. I think they were lying.

LESSON 7

1. *Did you work yesterday?*
    Yes, I worked yesterday morning.
2. *Did you eat pizza last night?*
    No, we didn't. We ate Chinese food.
3. *Did you read today's newspaper?*
    No, I didn't read it. Why do you ask?
4. *Did you drink only juice at the party?*
    Yes, I was taking some medicine so I drank only juice.
5. *Did you do the math homework?*
    Yes, I did. It was kind of difficult, but I managed to do it.

TAPESCRIPT

6. *Did you drive his new car that day?*
   Yes, I drove it. It's an amazing car.
7. *Did you talk to Peter last week?*
   No, I didn't talk to him.
8. *Did you travel alone?*
   No, Martha and Garry traveled with me.
9. *Did you write an article for the college paper?*
   Yes, I wrote one about social responsibilities.
10. *Did you understand what he said?*
    No, I didn't. He speaks too fast.
11. *Did your brother visit you last month?*
    He stayed with us two weeks.
12. *Did it snow while you were in London?*
    No, unfortunately it didn't snow while I was there.
13. *Did your teacher correct your test on the same day?*
    Yes, he corrected all of them.
14. *Did the president talk about it?*
    No, he didn't say a word about it.
15. *Did your boss give you a raise?*
    Yes, he gave me a raise in February.
16. *Did your son spend all the money?*
    No, he didn't. He saved some.
17. *Did she burn her finger?*
    Yes, she burned it, but she'll be fine.
18. *Did they open the bakery yesterday?*
    No, they didn't open it because it was a holiday.
19. *Did you feed the dog today?*
    No I didn't! I thought it was your turn today. Oh, my God, he must be starving!
20. *Where did you learn English?*
    I learned English in a language school.
21. *What time did you get up today?*
    I got up at half past seven.
22. *Why did you come back?*
    I came back because I forgot my wallet there.

SOLTE A LÍNGUA EM INGLÊS

23. *Which book did you give him?*
I gave him the new Harry Potter book.
24. *How many people did you invite?*
I invited about 30 people.
25. *How much did you pay for it?*
I paid 14 dollars and 50 cents.
26. *How did the meeting go?*
It went really well.
27. *How often did she call you?*
She sometimes called every day.
28. *When did they arrive?*
They got here at ten past midnight.
29. *Who sent you this?*
I'm not sure, I think Ben sent it.
30. *What did you do last Sunday?*
We went for a walk in the park.

LESSON 8

1. *Where were you yesterday afternoon?*
I was at Jane's house.
2. *Did you take your cell phone with you?*
No, I didn't. I forgot it at home.
3. *Why didn't you leave me a message?*
I'm sorry, I forgot. It won't happen again.
4. *Who was that woman in your car?*
That was Meggy, my sister.
5. *What are you reading about?*
I'm reading about the scandal involving that famous singer.
6. *Does your roommate snore?*
Yes, unfortunately he does, and very loudly sometimes.
7. *Why were you absent from class on Friday?*
I couldn't go because the babysitter didn't show up.
8. *Why did you sell your computer?*
Because I needed the money.
9. *Is it safe?*
I think it is.

TAPESCRIPT

10. *Am I talking too much?*
    No, you're not. I enjoy listening.
11. *Was the light on when you arrived?*
    Yes, it was on when I arrived around 9.
12. *Does your house have a big garage?*
    No, it doesn't. It is very small.
13. *How many T-shirts did you buy?*
    I bought four. Two for me and two for my wife.
14. *What time did you go to bed?*
    I wasn't sleepy, so I went late, after midnight.
15. *Who is it?*
    It's me, Jack, your new neighbor.
16. *Where were you born?*
    I was born in Edmonton, Canada.
17. *Which is your favorite holiday?*
    My favorite holiday is definitely Christmas.
18. *What did you have for lunch today?*
    I had tuna salad, some pasta and a big glass of orange juice.
19. *Does your mobile phone have Bluetooth?*
    Yes it has Bluetooth and a 7 megapixel camera.
20. *Whose jacket is that one on the couch?*
    I think it's Jimmy's, I'm not sure.

LESSON 9

1. *Will you go to my party?*
   Of course I will. I look forward to it.
2. *Will you have lunch at home today?*
   No I won't. I'll eat in a restaurant today.
3. *Will you give me her phone number later?*
   No problem, I'll send it to you by e-mail.
4. *What will you do tonight?*
   I think I'll stay home and rest.
5. *At what time will you arrive there?*
   I will be there at
6. *Who will help you with the report?*
   Jane and Brian will help me with it.

SOLTE A LÍNGUA EM INGLÊS

7. *Which one will you pick?*
    I'll get the red one, it looks nicer.
8. *How many Easter eggs will you buy?*
    I'll buy one for each nephew I have. That means four.
9. *Where will you take her for dinner?*
    I'll take her to an Italian restaurant.
10. *Will your parents visit you at Christmas?*
    Not this year, they won't.
11. *When will you send your resume?*
    I'll send it this afternoon.
12. *Will you stay at your cousin's or in a hotel?*
    I'll probably stay in a hotel.
13. *Will the meeting be in your office?*
    Yes it will be in my office this time.
14. *When will your report be ready?*
    It will be ready by Thursday.
15. *How much will it cost?*
    I'm not sure but it will cost less than a hundred.
16. *Will it rain tomorrow? What do you think?*
    I think it will rain all this week.
17. *What will happen if she fails?*
    If she fails she will have to try again next month.
18. *What will you do if he doesn't lend you the money?*
    I will ask my uncle if he can lend me some.
19. *Who will give the lecture if Mr. Scholer can't come?*
    Mrs. Hettwer will give it if he can't come.
20. *Where will you eat if that restaurant is closed?*
    I will try the other one down the street.
21. *Oh no! I forgot my cell phone at home. Will you lend me yours? I*
    need to call my boss.
    Yes, no problem, here it is.
22. *Will you apply for that job at the library?*
    I don't think so, but I know Max will.
23. *Where will the new hospital be built?*
    It will be built on Baxter Avenue.

TAPESCRIPT

24. *Who will take you to the airport?*
    Suzan will take me, don't worry.
25. *When will they get married?*
    They will get married in June.
26. *Do you think the final test will be difficult?*
    Yes, I think it will be more difficult than the others.
27. *Do you think Amir will like the present I bought him?*
    I think he will love it!
28. *What do you think she will do with all that money she won?*
    Probably she will buy a new house and quit her job.
29. *Where do you think the next Olympic Games will be held?*
    I think they will be held in the African continent.
30. *Who do you think will be the next president of the United States?*
    I think someone from the Democratic Party will win again.

LESSON 10

1. *Are you going to call your parents tonight?*
   Yes I'm going to call them after dinner.
2. *Are you going to send her an e-mail?*
   No, I'm not. I'm going to call her instead.
3. *Are you going to see a dentist this week?*
   Yes, I am going to see a dentist on Wednesday.
4. *Is your fiancée going to live with you?*
   No, she's not. She is going to stay with her parents.
5. *Are you going to get a raise this year?*
   Yes, I'm going to get a raise before June.
6. *Are you going to start your new job on Monday?*
   No, I'm going to start it on Wednesday.
7. *Is he going to pay cash?*
   Yes, he is going to pay for everything in cash.
8. *What are you going to do on the weekend?*
   We are going to entertain some friends at home.
9. *When are you going to take her for dinner?*
   I'm going to take her for dinner on Saturday.
10. *When are you going to graduate?*
    I'm going to graduate in November.

SOLTE A LÍNGUA EM INGLÊS

11. *How many people you think are going to be there?*
    I think no less than fifty.
12. *Is she going to quit college?*
    Yes, because she is going to live abroad.
13. *How often are you going to visit them?*
    I intend to visit them at least twice a month.
14. *What time is the plane going to land?*
    It's going to land at 5:05.
15. *Are you going to take the children to the zoo on Friday?*
    Yes, we are going to take them to the zoo.
16. *How much is it going to cost?*
    It's going to cost something between thirty and forty dollars.
17. *Are they going to get married at St. Paul's Church?*
    Yes, they are going to get married there in May.
18. *When are you going to meet them?*
    I'm going to meet them tonight.
19. *What are you going to wear for tonight's party?*
    I haven't decided yet, probably black tie.
20. *Who are you going to invite to your birthday party?*
    I am going to invite all my co-workers.
21. *Are you going to leave her a message?*
    Yes, I am. I'm going to ask her if she can go with me tomorrow.
22. *When are you going to post the Christmas cards?*
    I'm going downtown tomorrow, so I'll do it then.
23. *Is your father going to lend you the money you need?*
    Yes, he is. I talked to him last night.
24. *Are you going to hang out with your friends tonight?*
    Yes, we are. We're going to that new place on Hudson Street.
25. *Are they going to sue the restaurant?*
    No, they aren't. The manger has solved the problem.
26. *Is your brother really going to lose his job?*
    Yes, unfortunately he is.
27. *Who are you going to vote for?*
    I haven't made up my mind yet.
28. *Who is going to feed the dogs while we're away?*
    I asked Mrs. Daniels. She is going to feed them.

TAPESCRIPT

29. *Why aren't you going to go to school next Monday?*
I'm not going because I'm going to travel.
30. *At what time are you going to pick her up?*
The bus usually arrives at nine, so I'm going to be there at ten to nine.

LESSON 11

1. *What will you be doing tomorrow at this time?*
I will be finishing typing this month's report.
2. *Will you be having lunch with your boss everyday from now on?*
Yes, I will. We will be working on a new project for a couple of months.
3. *Will you be using the computer tomorrow morning?*
No, I won't, I will be using it only in the afternoon.
4. *Where will you be waiting for me?*
I will be waiting for you in front of the main gate.
5. *So you're going on vacation! Where will you be lying this time next week?*
Ah! Probably I will be lying on a beautiful beach.
6. *If I show up after 8, will I be interrupting anything?*
Not at all. I will be waiting for you, ok?
7. *He passed to the 8th grade. Does that mean you will be teaching him history next year?*
Yes, I will be his history teacher.
8. *When will you be celebrating your 10th anniversary?*
We will be celebrating our 10th anniversary in July.
9. *Will you be receiving free issues next month?*
No, I won't. They will send me free issues next year only.
10. *What will you be wearing so I can find you faster?*
I will be wearing jeans and a black T-shirt.

LESSON 12

1. *Have you read today's newspaper?*
No, I haven't read it yet.
2. *Have you eaten garlic?!*
No, I haven't. I hate garlic!

145

SOLTE A LÍNGUA EM INGLÊS

3. *Have you finished the report?*
   Yes, I have. I will hand it in tomorrow.
4. *Have you had your hair cut?*
   Yes, I have. Do you like it?
5. *Has your boss given you that raise he has promised you?*
   No, he hasn't yet. I hope I'll get it next month.
6. *The sidewalk is wet. Has it rained?*
   No, it hasn't, It was our neighbor washing his car.
7. *Has your father ever lived abroad?*
   Yes, he has. He has lived in Italy.
8. *Have you ever broken your arm?*
   No, I have never broken my arm.
9. *Have you ever ridden a horse?*
   Yes, I have ridden a horse once.
10. *Has your younger sister been married?*
    No, she has never been married.
11. *Have you ever skydived?*
    Yes, I have, only once. It was amazing!
12. *Have you made up your mind?*
    No, I haven't, but I will soon.
13. *Has your neighbor invited you for his daughter's wedding?*
    Yes, he has invited us.
14. *Has Will Smith ever won an Oscar?*
    No, he hasn't won one yet.
15. *Has Brazil ever held the Olympic Games?*
    No, it hasn't yet.
16. *Where have you bought that T-shirt?*
    I have bought it in a small shop in the mall.
17. *How many books has he written?*
    He has written three books so far.
18. *Where have your parents met each other?*
    They have met in a birthday party.
19. *Has your father agreed to lend you his car?*
    Yes, he has agreed, so I'll pick you up at night.
20. *Have you worked in a bank before?*
    No, I haven't. I've worked in an accounting office

21. *Why haven't you read all these e-mails yet?*
    I haven't read them because I have been busy lately.
22. *Have you had dinner, or would you like to eat something?*
    I have already had dinner, thank you.
23. *Have you ever been to the USA?*
    Yes, I have been to New York twice.
24. *Have you ever met a famous person?*
    Yes, I have met Pelé in an airport once.
25. *What's the most beautiful place you have ever been to?*
    The Iguassu Falls are definitely the most beautiful place I've ever been to.
26. *Have you tried the new Pepsi Twist?*
    No, I haven't, have you? Is it good?
27. *Have you heard from Sarah recently?*
    Yes, I have. She has gotten married and moved to Rio.
28. *Have you ever played golf?*
    Yes, I have played once.
29. *Where have they built the new city hospital?*
    They have built it downtown.
30. *Have you painted the room yourself?*
    No, I haven't. My brother has helped a lot!.

LESSON 13

1. *Have you been running?*
   Yes, I have. That's why I'm snorting.
2. *Have you been lying to them?*
   No, I haven't! I've told them everything I know.
3. *Have you been sitting in the sun? Your skin looks reddish!*
   Yes, I have. I want to get a nice tan.
4. *Why is the computer on? Have you been using it?*
   No, I haven't. I think Meggy has.
5. *How long have you been living in the same house?*
   I've been living in the same house since I was 10.
6. *How long have you been doing this lesson?*
   I have been doing this for 20 minutes.

SOLTE A LÍNGUA EM INGLÊS

7. *How long has James been dating Karen?*
   He has been dating her since February.
8. *How long has your brother been selling cars?*
   He has been sailing selling cars since 2004.
9. *How long have you been studying English?*
   I have been studying English for 3 years.
10. *How long have you been saving to buy that car?*
    I've been saving since March.
11. *How long has your sister been collecting stamps?*
    She has been collecting stamps for 9 years.
12. *How long has your grandpa been smoking?*
    Unfortunately, he has been smoking since he was 20.
13. *How long have you had that watch?*
    I have had it for 3 years.
14. *How long has Michael been married?*
    He has been married for 2 years.
15. *How long have you known Mr. Francis?*
    I have known him since 2007.
16. *How long have the kids been playing in the pool?*
    They have been playing for almost 2 hours.
17. *How long have you been watching this soap opera?*
    We have been watching it since it began in April.
18. *Have you been talking to Marc about us?*
    Yes, I have told him what's going on.
19. *How long have you two been discussing this?*
    We've been discussing this since 8 in the morning.
20. *How long has she been the principal?*
    She has been the principal since last year.
21. *Why are you covered with paint? What have you been doing?*
    I have been painting my bedroom.
22. *How long have you been attending her classes?*
    I have been attending her classes for 3 months.
23. *Have you been waiting long?*
    No, I've just arrived.
24. *How long has it been raining?*
    It has been raining since last night.

TAPESCRIPT

25. *How long has he been sleeping?*
He has been sleeping for 2 hours.
26. *You look exhausted, have you been working a lot?*
Yes, I have. It has been a hectic day.
27. *Has she been crying? Why?*
She was fired this morning
28. *How long have you been doing this exercise?*
I have been doing it for 30 minutes.
29. *How long have you had a driver's license?*
I have had a driver's license since I was 18.
30. *Has your boss been traveling a lot lately?*
Yes, he has. He is in China now.

LESSON 14
1. *Will you be able to come with us tomorrow?*
Yes I will, no problem!
2. *Are you going to help him with his homework?*
Yes, I promised him I'm going to help after dinner.
3. *Will you be studying English this time tomorrow?*
No, I won't. At this time tomorrow I will be working.
4. *Have you ever written a poem to someone?*
Yes, I have. I wrote one in my first year in college.
5. *Have you been eating a hot dog or something like that? There's mustard on your shirt.*
Yes, you're right, I have just eaten one. Thank you.
6. *What will you do when you arrive there?*
The first thing I'll do is give everybody a big hug!
7. *When are you going to apologize to her?*
I'm going to apologize to her this afternoon.
8. *Are you going to complain to the manager?*
Yes, I am. I am going to call him right now.
9. *What time will you be getting on the plane?*
We will be boarding at 1:00 p.m.
10. *Why have you turned down their offer?*
Because I got a better one from the Canadians.

SOLTE A LÍNGUA EM INGLÊS

11. *How long have you been trying to get that visa?*
    I have been trying since June.
12. *What were you doing while he was watching the match?*
    I was reading a magazine while he was watching TV.
13. *How often do you shave?*
    I shave every other day.
14. *Was your sister responsible for what happened?*
    No, she wasn't. Her boss was.
15. *Do you think he's lying?*
    I don't think so. He has never lied to us.
16. *What are you looking for?*
    I'm looking for my car keys.
17. *Who is the richest man in the world?*
    I think Bill Gates is, right?
18. *Will it be a holiday next Wednesday?*
    No, it won't. The holiday will be on Friday.
19. *How long has she been breastfeeding the baby?*
    She has been breastfeeding him for 3 months.
20. *Are you afraid of cockroaches?*
    No, I'm not. Only spiders frighten me a lot.
21. *Is she capable of doing that alone?*
    Yes she is completely capable of doing it.
22. *What is she famous for?*
    She is famous for making incredible wedding cakes.
23. *Why was he shouting at her?*
    Because she had lost her wallet again.
24. *When will you leave?*
    I will leave at ten past seven.
25. *Who is going to take care of her plants while she's away?*
    Jackie is going to take the plants to her house and take care of them.
26. *Have you heard from Shelly?*
    No, I haven't heard anything about her.
27. *Who are they blaming for the accident?*
    They are blaming the engineers.

TAPESCRIPT

28. *Has he dropped out of school?*
Yes he dropped out of school at the beginning of this month.
29. *How long have you been in Brazil?*
I've been in Brazil since January.
30. *Have you found your phone book yet?*
No, I haven't. I've looked for it everywhere but couldn't find it.

LESSON 15

1. *Did you use to have long hair when you were a teenager?*
Yes, I used to have long straight hair.
2. *Did you use to live in that green building?*
No, I didn't. I used to live in that house beside the drugstore.
3. *Did you use to like going to school?*
Yes I used to love going school.
4. *Did you use to see him every day?*
No, I didn't. We used to see each other only on weekends.
5. *Did you use to ride a motorcycle to college?*
Yes, I used to ride a motorcycle and take my sister with me.
6. *Did you use to drink a lot of milk when you were a child?*
No, I didn't use to like milk.
7. *Did the hospital use to be near the bus station?*
Yes. It used to be two blocks away.
8. *Did Simone use to play a lot with her son?*
No, she didn't. She used to work long hours.
9. *Did Frank use to take his laptop to college every night?*
Yes, he did. He always had his laptop with him.
10. *Where did you use to work before here?*
I used to work in a shoes store.
11. *Did you use to play any musical instruments?*
Yes, I used to play the violin.
12. *How often did you use to eat out while you were living in Europe?*
Not much. It was too expensive, so I used to eat at home most of times.
13. *Did she use to cook for everybody or only for herself?*
She used to cook for everybody.

SOLTE A LÍNGUA EM INGLÊS

14. *Did it use to rain a lot where you lived in Asia?*
    Yes, it did. It used to rain almost everyday.
15. *How often did he use to call you?*
    He used to call me every other day.
16. *Did you use to have a red umbrella?*
    No, I didn't.It was Brian who used to have one.
17. *Did you use to wear glasses in high school?*
    Yes, I used to wear glasses. Now I have contact lenses.
18. *Why did you use to get up so early on Sundays?*
    Because I used to work for a tourism company.
19. *Where did you use to go on vacation?*
    We used to go our grandma's house every summer.
20. *Did you use to watch "Friends"?*
    Yes, I did! It was and still is my favorite TV series.

LESSON 16

1. *Can you cook?*
   Yes, I can cook.
2. *Shouldn't you be at work today?*
   Yes, I should, but I'm not feeling well. I'll call my boss.
3. *Can you father speak Spanish?*
   No, he can't, but he can speak Portuguese very well.
4. *Would you like something to drink?*
   Yes, I'd like a glass of water, thank you.
5. *Can you go to the library with me this afternoon?*
   No, I can't. I'm sorry, I have to study.
6. *Would you buy that car if you had 1 million?*
   Yes, I would buy it if I had that kind of money.
7. *Could you repeat her phone number please?*
   Yes, of course it's 3-5-2-3-3-1-7-4.
8. *Where must I go if I want to get a passport?*
   Here in Brazil, if you want to get a passport, you must go to the Federal Police Department.
9. *When can you bring those papers we need?*
   I can do it today if you want.

TAPESCRIPT

10. *What should I do if the baby wakes up?*
    If she wakes up, you must feed her, she'll be hungry.
11. *Where would you go if you didn't have to work tomorrow?*
    If I didn't have to work, I would spend the day on the beach.
12. *Whom should I call if I have a doubt?*
    If you have any problems, you should call Jack, he'll know what to do.
13. *Can you ride a motorcycle?*
    No I can't. I can only ride bikes!
14. *What might happen if he doesn't arrive on time?*
    If she doesn't arrive on time we will start without her.
15. *Can your younger sister vote?*
    No she can't. One must be 16 to vote, she's 15.
16. *Could I use your pen for a minute?*
    Yes, sure. Here you are.
17. *Where can we have some Arabic food?*
    You can go to that nice restaurant on Lebanese Street near the mall.
18. *What must you do if you lose your cell phone?*
    The first thing you must do is call the company to report it.
19. *Could you swim when you were 5 years old?*
    Yes, I could. My mom taught me when I was just 4!
20. *May I sit beside you?*
    Yes, you may, it's not taken.
21. *Could you show me how to open this drawer please?*
    Yes sure. To open it, you have to press this button over here.
22. *It's getting cold, can you close that window?*
    Ok, I'll close it.
23. *Excuse me, may I come in?*
    Yes, please. Come in and have a seat.
24. *Is it true it may snow tomorrow?*
    Yes, it is they say it may snow for three days in a row!
25. *May I park my car here for a while?*
    I'm sorry, you can't. I It's a no parking zone.
26. *If I have a headache, which pills should I take?*
    If you have a headache, you should take two of these.

SOLTE A LÍNGUA EM INGLÊS

27. *Could you lend me your dictionary for the test?*
    Yes, you can take it
28. *Until what time could you stay up when you were a kid?*
    I could stay up till 10 on weekdays and midnight on weekends.
29. *The phone is ringing! It's almost midnight, who might that be?*
    It might be James, he said he would call as soon as he arrived there.
30. *Would you like to study English abroad?*
    Of course I would! I'd love to go to New Zealand.

LESSON 17

1. *What will you buy her if she invites you to her birthday?*
   If she invites me, I will buy her a book. I know she likes reading.
2. *What would you do if you didn't have to work tomorrow?*
   If I didn't have work tomorrow, I'd sleep until noon!
3. *What should I give the baby if he has a fever?*
   If she has a fever, you must give her this medicine.
4. *Would you have told me if I hadn't found out the truth myself?*
   Yes, I would have told you anyway.
5. *If I buy you lunch, will you go with me?*
   If you take me to that famous steak house, I'll go with you anywhere!
6. *Where would you live if you were a millionaire?*
   If I were a millionaire, I would live in Southern Italy.
7. *Would you call him if you were me?*
   Yes. If I were you, I would call him now.
8. *How many T-shirts will you buy if they are 50% off?*
   If they are 50%, off, I'll buy at least four.
9. *Will he lose his job if they know what happened?*
   I don't think so, but he'll have to explain everything.
10. *If Jim shows up, will you tell him I'm in the cafeteria? I need to talk to him.*
    Yes. If he shows up, I'll tell him where to find you.
11. *What would you give your boss if he invited you to his wedding?*
    I would probably buy them something nice and useful.

TAPESCRIPT

12. *Would you have accepted their offer if you had known the job was that challenging?*
    Yes, I would have taken the job anyway.
13. *Will you be able to keep visiting him as usual, if he moves downtown?*
    I'm afraid I won't, it'll be too far.
14. *If you see Ann there, will you please ask her for Mark's phone number?*
    Yes, I will, as soon as I see her.
15. *What three wishes would you make if you found a magic lamp?*
    Let me see...I would probably ask for what everybody else would: health, money and world peace!
16. *Would you be happier if you lived in a bigger city?*
    I don't think I would be happier in a bigger city.
17. *Where will you have lunch if that restaurant is closed?*
    If it is closed we will eat in the mall.
18. *What will your parents say when they find out?*
    My mother will understand, but I think my father is not going to like the idea.
19. *If we ask her, will she lend us the money?*
    If we tell her why we need it, I think she will.
20. *What language would you have learned if you hadn't learned English?*
    If I hadn't learned English, I would have studied Spanish.

LESSON 18

1. *Your job is really interesting, isn't it?*
   Yes, it is. I like working there.
2. *You have an older sister, don't you?*
   No, I don't. I have a younger one.
3. *It wasn't your birthday yesterday, was it?*
   No, it wasn't. Mine was last month.
4. *Your parents visited you last week, didn't they?*
   Yes, they did. How did you know?
5. *You'll travel in December, won't you?*
   Yes, we will. We are going to meet Angela's parents.

SOLTE A LÍNGUA EM INGLÊS

6. *You haven't sent the e-mail yet, have you?*
   No, not yet. I'll do it this afternoon.
7. *Your boss can't speak English well, can he?*
   Actually, no, he can't.
8. *Your house is the second one on the left, isn't it?*
   Yes, it is. There are two tall trees in front of it.
9. *You have to wear a uniform at work, don't you?*
   Yes, I do. We have to wear it everyday.
10. *There is someone in the toilet, isn't there?*
    No, there isn't. You may use it.
11. *You didn't like that movie, did you?*
    No, I didn't. It was the worst movie ever!
12. *I am younger than you, aren't I?*
    Yes, you are. I was born in May.
13. *You have never been on a cruise, have you?*
    No, I haven't. Maybe someday.
14. *Your sister may arrive tonight, may she not?*
    Yes, she may. If she managed to get the 11 o'clock plane.
15. *There was nobody in the office, was there?*
    No, there wasn't, even the lights were off.
16. *You must take two pills before you go to bed, mustn't you?*
    Yes, I must take two pills every night.
17. *The manager wants to talk to us, doesn't he?*
    Yes, he wants to tell us about the new product we are receiving.
18. *You would like to stay a little longer, wouldn't you?*
    Yes, I would, if you don't mind.
19. *You didn't have to get up early today, did you?*
    No, I didn't. It was my day off.
20. *Your brother had lived in London before, hadn't he?*
    No, he hadn't. He had lived in Dublin.
21. *It won't be closed on Sunday, will it?*
    No, it won't. They will be open till 8 pm.
22. *Spanish is more difficult than English, isn't it?*
    I think it is, the grammar is more complicated.
23. *Let's go out tonight, shall we?*
    Yes, let's! Where do you want to go.

TAPESCRIPT

24. *Nobody has called me while I was away, have they?*
No, nobody has asked for you.

25. *I am not being selfish, am I?*
Absolutely not! You're doing the right thing.

26. *Your neighbor doesn't have kids, does he?*
No, he doesn't. It's him and his wife.

27. *You will complain to the manager, won't you?*
Yes, I will. I think they must solve this.

28. *There were more than a hundred people in the meeting, weren't there?*
Well, if there were not a hundred, something close to it.

29. *You enjoyed answering these questions, didn't you?*
Yes, I did. I'm learning a lot.

30. *This exercise was easy, wasn't it?*
Yes, it was. Can I do one more?

LESSON 19

1. *Where had you lived before you got married?*
Before I got married, I had lived in Rio.

2. *Had you called him before the meeting?*
Yes, I had, but he didn't answer.

3. *Had the movie begun when you got there?*
No, it hadn't. We got there in time.

4. *Had you eaten anything before the test?*
Yes, I had eaten some cheese bread.

5. *Had your friends told you about the surprise party?*
No, they hadn't. I had no idea.

6. *Had you met her parents before that day?*
Yes, we had met two weeks earlier.

7. *How many times had you called him until he finally answered the phone?*
I had called him three times before.

8. *Had you seen that movie before?*
No, I hadn't. I had only read the book.

9. *You didn't laugh! Had you heard this joke before?*
Yes, actually I had already heard it.

SOLTE A LÍNGUA EM INGLÊS

10. *Where had you worked before?*
I had only worked with my father in his office.

LESSON 20

1. *Did you use to walk to work?*
Yes, while I was living downtown I used to walk to work.
2. *Which countries had he been to before he died?*
He had been to more than 20 countries around the world.
3. *Who do you think might help us?*
Maybe Peter can help us.
4. *If I decide to go to the movies tonight, will you go with me?*
I'm sorry, I can't. I have to finish some work.
5. *We have met before, haven't we?*
Yes, we have, but I don't remember where and when either
6. *Did your father use to take you fishing?*
Yes, he used to take me and my brother.
7. *I've lost my credit card, what should I do?*
You must call the bank at once and report it.
8. *The trip will take at least 5 hours, won't it?*
Yes, it will probably take that much.
9. *Had you read the book when you watched the movie?*
Yes, I had, but I enjoyed the movie more.
10. *Did you use to collect anything when you were a kid?*
Yes, I used to collect soft drink cans.
11. *Did your father use to smoke?*
No, he didn't, he hated smoking.
12. *What time must we get there if we want to get good seats?*
If you want front seats, you must get there at least an hour earlier.
13. *Who would you vote for president if you were American?*
If I were American I would vote for the Democratic candidate.
14. *What would you have eaten if you hadn't found those cereal bars there?*
If I hadn't found those bars, I wouldn't have eaten anything.
15. *They are going to have dinner with us, aren't they?*
Yes, they are. They have just confirmed.

TAPESCRIPT

16. *You don't look well, had you had anything before you left home this morning?*
    Yes, I had a cup of coffee, but you're right I don't e feel well.
17. *Did you use to live in that house beside the bakery?*
    Yes, I did. I'm surprise you remember!
18. *You can type fast, can't you?*
    Yes, I can type very well.
19. *If she asked you out would you say yes?*
    Of course I would say yes, she's a lovely person.
20. *You enjoyed doing these exercises, didn't you?*
    Yes, I enjoyed it very much indeed.

COMO ACESSAR O ÁUDIO

Todo o vocabulário e exercícios contidos no livro foram gravados por nativos da língua inglesa para que os estudantes ouçam e repitam em voz alta, assim, praticarão *speaking* e *listening*. São várias faixas de áudio que estão disponíveis on-line em plataformas conhecidas ou para serem baixadas e ouvidas em dispositivos pessoais off-line.

On-line: no **YouTube** digite "jihad m. abou ghouche"

Off-line: envie um e-mail para **marketing@disaleditora.com.br** e solicite os links, mencionando o título do seu livro. Receberá todas as faixas para baixar em seus dispositivos.

IMPORTANTE:
Caso você encontre ao longo de seus estudos no livro citações ou referências a CDs, por favor entenda-as como as faixas de áudio acima indicadas.

Este livro foi composto nas fontes Arnhem, La Portenia, Mundo Sans e Preface e impresso em agosto de 2024 pela Gráfica Docuprint, sobre papel offset.